缤纷以色列

主　编 孟振华　副主编 胡　浩　艾仁贵

以色列都市文化

王　慧著

 南京大学出版社

图书在版编目（CIP）数据

以色列都市文化 / 王慧著 . -- 南京 : 南京大学出
版社 , 2022.7
（缤纷以色列 / 孟振华主编）
ISBN 978-7-305-25316-4

Ⅰ . ①以… Ⅱ . ①王… Ⅲ . ①城市文化 – 以色列
Ⅳ . ① G138.2

中国版本图书馆 CIP 数据核字（2022）第 001349 号

出 版 者　南京大学出版社
社　　址　南京市汉口路22号　　邮　编　210093
出 版 人　金鑫荣

丛 书 名　缤纷以色列
丛书主编　孟振华
书　　名　以色列都市文化
著　　者　王慧
责任编辑　田　甜　　编辑热线　025-83593947

照　　排　南京新华丰制版有限公司
印　　刷　南京爱德印刷有限公司
开　　本　880×1230　1/32　印张5.75　字数170千
版　　次　2022年7月第1版　2022年7月第1次印刷
ISBN　978-7-305-25316-4
定　　价　40.00元

网址：http://www.njupco.com
官方微博：http://weibo.com/njupco
官方微信号：njupress
销售咨询热线：（025）83594756

编辑委员会

总　序

　　以色列国是一个充满奇迹的地方。早在两千多年前，犹太人的祖先就在这里孕育出深邃的思想，写下了不朽的经典，创造了璀璨的文明，影响了整个西方世界。在经历了两千年漫长的流散之后，犹太人又回到故土，建立起一个崭新的现代国家。他们不仅复兴了民族的语言和文化传统，更以积极的态度参与和引领着现代化的潮流，在诸多领域都取得了足以傲视全球的骄人成绩。

　　中犹两个民族具有诸多共同点，历史上便曾结下深厚的友谊。中国和以色列建交已30年，两国人民之间的交往也日益密切和频繁，各个领域的合作前景乐观而广阔。赴以色列学习、工作或旅行的中国人越来越多，他们或流连于其旖旎的自然风光，或醉心于其深厚的文化底蕴，或折服于其发达的科技成就。近年来中文世界关于以色列的书籍和网络资讯更是层出不穷，大大拓宽了人们的视野。

　　不过，对于很多中国人来说，这个位于亚洲大陆另一端的小国仍然是神秘而陌生的。即使是去过以色列，或与其国民打过不少交道的人，所了解的往往也只是一些碎片信息，不同的人对于同一问题的印象和看法常常会大相径庭。以色列位于东西方交汇点的特殊位置和犹太人流散世界各地的经历为这个国家带来了显著的多元性，而它充沛的活力又使得整个国家始终处在动态的发展之中。因此，恐怕很难用简单的语言和图片准确地勾勒以色列的全景。尽管如此，若我们搜集到足够丰富的碎片信息，并能加以综合，往往便会获得新的发现——这正如转动万花筒，当碎片发生新的组合时，就会产生无穷的新图案和新花样，而我们就将看到一个更加缤纷多彩的以色列。

作为中国高校中率先成立的犹太和以色列研究机构，南京大学犹太和以色列研究所携手南京大学出版社，特地组织和邀请了多位作者，共同编写这套题为《缤纷以色列》的丛书，作为中以建交 30 周年的献礼。丛书的作者中既有专研犹太问题的顶尖学者，也有与以色列交流多年的业界精英；既有成名多年的资深教授，也有前途无量的青年才俊。每位作者选择自己熟悉和感兴趣的专题撰写文稿，并配上与内容相关的图片，用图文并茂的形式呈现给读者，力求做到内容准确，通俗易懂，深入浅出，简明实用。也许，每本书都只能提供几块关于以色列的碎片，但当我们在这套丛书内外积累了足够多的碎片，再归纳和总结的时候，就算仍然难以勾勒这个国家的全景，也一定会发现一个崭新的世界。

孟振华

2021 年 3 月谨识

目 录

以色列国及其城市

　　城市是一种历史文化现象，是一个民族赓续延绵的记忆载体，每个时代都在城市建设中留下了自己的痕迹。文化作为一个城市的气质、风骨与灵魂，本质上反映的是城市精神文化的特质。城市记忆是城市文化之根，亦是一种复杂的组成，包括地形地貌、河流山川、建筑遗址、公共场所、文化气质、民族情调等，这些要素共同构成了城市记忆。城市文化是城市空间与时间中生命的热度，是岁月的痕迹，每个时期的城市文化或多或少都带有此前的印记，过去的和现在的，融合为一体，呈现出来。对以色列都市文化的研究可以从物质文化和精神文化两个不同的维度展开，本书将以色列都市文化置于历史与现代的背景中，结合文化在社会中的具象表达，探究以色列不同城市的文化特点。

　　以色列地处"流着奶与蜜"的迦南之地，地理位置优越。尽管国土狭小，但由于其地处欧亚非三大洲的交汇处，邻两海（地中海与红海），接四国（黎巴嫩、叙利亚、约旦和埃及），这片土地自古以来就颇具地理价值，成为各种势力争夺的焦点。因此，巴勒斯坦地区很早就拥有一些较大的城市，随着历史发展，融合多种文化元素于一体，构成如今以色列城市的文化底色。

　　以色列城市经历了一个多维发展的过程。1948 年，在犹太人流散千年后，现代以色列国如平地起高楼一般建立起来。建国初期，以色列境内可称之为现代都市的城市寥寥无几，经过几十年的发展，以色列发生了令人惊讶的翻天覆地的变化。总体来看，以色列的城市发展路径主要有三条：

一是由历史古城发展而来的现代都市。例如耶路撒冷、海法、雅法等城市，这类城市的独特之处在于充满活力的现代都市文化与厚重的历史文化相交织，"你中有我，我中有你"。

二是由犹太复国主义者建立的定居点发展而来的现代都市，这种路径中发展来的城市包括两种类型。首先，以特拉维夫为例，犹太移民的建造理念就是打造一座面向现代化、面向未来的大都市，因此特拉维夫自诞生起就是一座城市的模样；其次，从农业定居点发展而来的城市，以里雄莱锡安为例，这些城市经历农业化和工业化，逐渐城市化。

三是由以色列建国以前存在的分散的定居点发展而来的城市。例如，贝尔谢巴和拿撒勒等，它们原本是一些规模较小的村庄和定居点，以色列建国后，政府有意发展这些地区，通过移民分配和政策支持，为这些地区注入新鲜血液和动力，使其快速进入现代都市的行列。

以色列是一个典型的移民国家，移民是推动以色列建国的关键性因素，也是以色列城市形成与发展的重要推动力。以色列的建国离不开流散地犹太人的人口"援助"，而以色列的发展也离不开数次阿利亚运动 ["阿利亚"（Aliyah）是希伯来语"上升"（Aliot）的复数形式，意为"移民以色列的运动"]。以色列建国前，有过五次较大规模的阿利亚潮。19 世纪 80 年代到 20 世纪 20 年代初，有三波受阿利亚运动影响而来的移民抵达巴勒斯坦地区，投身复国大业。这些人主要是来自东欧的犹太移民。大量移民的涌入不仅奠定了以色列建国的人口基础，而且他们建立了集体农业经济组织"基布兹"，是以色列建国的重要社会基础之一，并且通过发展农业，基本解决了当地的温饱问题。更重要的是，移民的到来孕育了特拉维夫和里雄莱锡安等城市。1924 年到 1939 年间发生的两次阿利亚运动，则奠定和推动了以色列的城市化进程。这两次移民主要是来自波兰和德国的犹太移民。传统上，这些移民并非务农者，而从事商业和手工业，有着较强的城市化倾向，大多数移民选择城市作为落脚点，尤其喜爱像特拉维夫和海法这类城市。他们的到来不仅进一步增加了以色列城市的人口，也使得城市的工业生产更加繁荣。城市的商店和工厂数量激增，催生出一些新的工业部门，如医药、机器制造、化工等。1948年初，该地区的犹太人约60万，到年底，便超过了70万。可以说，在以色列建国以前，随数次移民浪潮而来的犹太人已经完成了城市化的前奏，为发展更为现代化的城市奠定了坚实的基础。

以色列是当今世界上城市化程度最高的国家之一。城市人口约占全国人口的92.7%，城市化率约为1.51%，只有大概5%的人居住在农村。据以色列中央统计局的数据，到2021年，以色列总人口为929.1万人。根据以色列政府的界定，拥有10万以上人口的城市即大城市，拥有2万以上人口的定居点就有权取得城市的合法地位。需要注意的是，以色列总人口相对较少，因此不能以其他国家城市人口的标准来衡量。

以色列的行政区划分为六个部分：耶路撒冷区、特拉维夫区、海法区、中央区、北部区、南部区。形成了以耶路撒冷、特拉维夫、海法、里雄莱锡安、拿撒勒、贝尔谢巴为中心，向外辐射的六大城市区。每个区下设城市、市政当局和地区议事会。截至2021年7月，以色列的城市总量为77个，其中，人口超过10万的大城市有16个。总体来看，除了几个行政区的首府，以色列的城市规模普遍较小。

以色列的族群构成简单，但其文化背景复杂。目前，犹太人占总人口的比例为73.9%，其中出生于以色列的犹太人占78.1%，自欧洲、美洲、大洋洲移民到以色列的占15.2%，非洲（尤其是埃塞俄比亚）移民为4.3%，亚洲移民为2.4%；阿拉伯人占以色列总人口的比例为21.1%；其他族群（贝都因人和德鲁兹人等少数族裔）为5%。因此以色列通用的语言包括希伯来语（官方语言）、阿拉伯语（以色列法律下的特殊地位）、英语（最常用的外语）以及俄语（俄裔犹太移民）。以色列人的信仰多元，主要有犹太教徒、基督徒、穆斯林、巴哈伊教徒等，除了数量最多的犹太教徒在各个城市都较多以外，阿拉伯穆斯林主要生活在以色列北部（36.8%在北部地区，14.2%在海法地区）

和耶路撒冷地区（21.5%）。

以色列的人口分布特点是人口集中在四大都市区（海法、特拉维夫、耶路撒冷和贝尔谢巴）。移民的不断进入，对住房和就业提出了严峻的挑战，对国家发展规划提出了更加迫切的要求。事实上，以色列政府很早就已意识到分散人口的迫切性，1991年，以色列国家规划和建设委员会出台了有关移民吸收和发展的"第31号国家总体规划"，提倡将人口逐步从四大都市区疏散，尤其将南部作为疏散的重点区域，"内盖夫全部地区以及贝尔谢巴，构成了人口疏散的主要目标地区"。

以色列是一个城市文化富足的国家，有着较强的文化自觉。教育之于犹太文化像是基因一样的存在，正如以色列的建国之父本－古里安所说，"犹太历史的基本内容只有一条，即没有教育就没有未来"。建国以后，以色列举国办教育，国家各部门通力合作支持教育，这是以色列教育得以飞速发展的重要原因。以色列施行国家总揽教育的体制，将各年龄段、各族群、各宗教信仰的人纳入教育体系之中，投入大量的人力和物质资源。以色列尽管仅是一个蕞尔小国，却有9所实力强劲的大学，其中7所更是全球顶尖。以色列全国有大大小小建筑精美的博物馆100多个，设备齐全的图书馆1000多个，各类杂志近1200种。以色列人的平均阅读时长位列世界第一。在以色列随处可见正在阅读的人，不论是在午后特拉维夫的沙滩上，还是在地球最低点的死海，尽管不少场景兴许更多是为了拍照，但以色列人对阅读的热爱绝不允许遭受任何的质疑。

创新是以色列的独特文化。以色列人深知国内自然条件的恶劣，因而探索出一条扬长避短的道路，抓住了世界科技革命与西方经济繁荣所带来的种种机遇，走以科技兴国与出口导向为主的经济发展之路，不仅创造了战后经济发展的奇迹，更成为中东地区唯一的发达国家，被联合国认可为"高收入国家"，更被西方称为"中东的瑞士""地中海的香港""西亚的日本"等。

以色列重视发挥各城市特色，扬长避短。特拉维夫和海法是以色列移民的主要选择，且靠近沿海地区，交通便利，对于外来投资具有极大吸引力。因此以色列政府大力支持其发展科技创新产业，为其提供便利条件，特拉维夫和海法已经成为以色列科技创新的两张名片。耶路撒冷是宗教圣地，有许多的宗教建筑留存，以此为基础，以色列政府大力发展旅游业。对于以色列阿拉伯人聚居的城市拿撒勒，以色列一方面提倡促进阿拉伯文化复兴，另一方面推动阿拉伯人发展科技创新产业。

以色列的城市有望成为"全球化城市"。一般而言，全球化城市主要指以色列境内那些国际性大都市，一个城市的人口几乎超过了该国的总人口，对世界的贡献以及融合度也是非常巨大的。以色列的城市在这些方面还远远不足，但却已经具备了成为全球城市的一些基础要素，例如一流的人文文化、科学文化，发达的文化产业，优秀的文化艺术人才，良好的文化环境，等等，这些都是全球城市文化的共同本质。相信在全球化日益深入的背景下，以色列能够"乘风而上"，以色列的城市会在不久的将来成为全球化城市，发挥其独特的魅力、持续的影响力和巨大的价值。

特拉维夫市一隅 徐新 提供

神圣之城：金色的耶路撒冷

你听过耶路撒冷吗？

当抛出这个问题后，没有去过以色列的人也可能回答：听过。

现代诗人米海亚曾说："耶路撒冷是通往永恒的最后一个口岸。"

《耶路撒冷三千年》一书写道："耶路撒冷是唯一拥有两种存在的城市：天堂和人间。"犹太羊皮卷《塔木德》写道："上帝给了世界十分美丽，九分给了耶路撒冷。"而世人却说："世界若有十分哀愁，九分在耶路撒冷。"这些描绘恰如硬币的两面，截然相反，但却真实地共存于同一地点，那就是耶路撒冷。

在好莱坞电影《夺宝奇兵》中，有一句台词："你和我只是历史的过客，这就是历史。"这就是耶路撒冷给人的感觉，站在耶路撒冷的街道上，最能直击心灵的是这座城的厚重，作为一座历史古城，耶路撒冷距今已有五千多年的历史。然而让耶路撒冷举世闻名的原因还在于其所具有的宗教意义，它是唯一一个被世界三大宗教——犹太教、基督教和伊斯兰教同时看作圣地的城市。亚伯拉罕系宗教在这里诞生，而世界也将于末日审判时在这里终结。对于犹太人来说，耶路撒冷是"圣书之城"，是犹太圣约的产生地，更是犹太人作为特选子民的"例外论"的体现：耶路撒冷是上帝挑选的城市，《圣经》从许多方面来说都是耶路撒冷这座城市的编年史。对于基督教来说，耶城是基督教诞生之地，被看作耶稣传播教义、受难并复活的地方。而对于伊斯兰教来说，耶城则是仅次于麦加、麦地那的第三大圣地，是先知穆罕默德"夜行和登霄"之处，最初曾被定为穆斯林朝拜的方向。正因其神圣性，耶路撒冷成为犹太人民国家和精神生活的中心，其城市文化呈现鲜明的宗教性和民族性特色。

一、"和平之城"

耶路撒冷位于地中海和死海之间、约旦河西岸南部的高原上，四周被山谷与干涸的河床所包围，整个城区被三道河谷隔成两个部分。目前耶路撒冷的总面积为 158 平方千米，最高海拔 835 米，西面 60千米是特拉维夫和地中海，东面 35 千米是地球表面的最低点死海。此外，与之邻近的城市有南面的伯利恒和拜特贾拉，东面的阿布迪斯和马阿尔阿汤米姆，西面的梅瓦塞莱特锡安以及北面的吉瓦特扎埃维。

关于耶路撒冷名字的确切起源，可能已经无法厘清。但学者们给出了各种各样的解释，广泛认为，这个名字是一个希伯来语合成词"yerusha"（遗产）和"shalom"（和平）的结合，所以耶路撒冷的意思是"和平的遗产"。据《创世记》（第二十二章第十四节）记载，亚伯拉罕从乌尔（今伊拉克境内）前往希伯伦定居的过程中，在萨勒姆的大祭司麦基洗德的住处"撒冷"受到欢迎和祝福，这是《圣经》第一次提到这个地方。在阿拉伯语境中，耶路撒冷的意思是"圣城耶路撒冷"或者"圣人的住所"。总之，无论是怎样的解释，都显示了这座城市的不同凡响。

耶路撒冷历史悠久，人类在这一地区的居住史可以追溯到约 5000年前。在青铜时代早期，城市之母乌鲁克（现伊拉克境内）已经拥有4 万名居民，而耶路撒冷地区附近的耶利哥（今约旦河西岸）也已经是一座堡垒化的村落，有人开始在耶路撒冷的山丘上挖土埋葬亲人，在水源附近建造小屋，并且在村落周围建立了围墙，但此时以"耶路撒冷"命名的地区还不存在。

公元前 3000 多年，一支叫迦南人的部落从阿拉伯半岛迁徙到耶路撒冷所在的地方，并给该地区起名"奥尔萨利姆"。500 年后，迦南人的后代，一支叫耶布斯人的部落占据这里，并在该地区建造了一座带有城墙的城市，称之为"耶布斯"。"耶布斯"已经具备早期城市的基本功能之一：防御功能——在居住地修筑墙垣城郭，保护统治者利益不受其他部落、氏族或者其他力量的侵犯。但这时的耶布斯还只能算是山上的一座小要塞，还不具备城市的其他要素。埃及卢克索附近发现的公元前 1900 年的陶器碎片上的文字提到一座名叫"乌萨利姆"的城镇，作为"萨勒姆"的变体，"乌萨利姆"的意思可能是"萨勒姆已经建城了"。然而这时期的"萨勒姆"也只能算作耶路撒冷的前身，还不具备城市的各个要素。

耶路撒冷城市要素的完善始于大卫王时期。公元前 1000 年，大卫王率领以色列人攻占了"萨勒姆"，将其改名为现在的耶路撒冷，并定都于此。大卫王选择这里定都的原因是，该地区位于王国的中部，易于防御，并且处于重要的贸易商道，不仅能够保卫王国的安全，也利于经济的发展，并且交通便利。大卫王进入耶路撒冷后，大兴土木，修建城堡，使耶路撒冷更好地发展起来，城市的功能逐渐完善并强化。正因如此，后人亦把耶路撒冷称作"大卫城"（City of David），以纪念大卫王在建城方面的功勋。耶路撒冷对于犹太人就具有了神圣性，成为犹太民族的都城。

耶路撒冷在所罗门王时期成为犹太民族的圣城。公元前 970 年，大卫王驾崩，其子所罗门继承王位。此时由大卫王建立起来的统一希伯来王国的实力已经大大增强，原来的都城无法满足所罗门王的雄心，为犹太民族的信仰之神修建一座华丽住所的想法在所罗门心中酝酿。所罗门即位的第四年起，圣殿开始修建，并耗时十年完成。事实上，大卫王时期就已经有了建造圣殿的想法，但被当时的先知拿单以上帝的名义否决，"你不能以我（上帝）的名义建造宫殿，因为你是一个征战的人，手上有血债"。由所罗门建造而来的圣殿对于犹太人来说意义非凡，圣殿内存放着犹太教最重要的宗教圣物——约柜，因而这座圣殿成为犹太人的崇拜中心。第一圣殿为犹太教的独一神思想的确立奠定了基础。圣殿建造时期，犹太教尽管已经成为第一信仰的宗教，但是却并非唯一的信仰。所罗门王为了取悦自己不同信仰的妻子们，根据她们的信仰，建造了多座不同的神殿。但第一圣殿建成后，犹太教在信仰方面逐渐确立了主体地位，其他宗教逐渐衰落。耶路撒冷作为圣殿的所在地，因此成为统一希伯来王国最重要的朝圣地。

公元前930年，所罗门王去世，位于北方的十个支派从统一希伯来王国分裂出去，建立了一个北方王国，取名为"以色列王国"，留下来的南方两支派的后裔建立起属于自己的国家——犹大王国。公元前722年，北方的以色列王国被崛起的亚述帝国征服，由此走向消亡。公元前588年，南方犹大王国被崛起的新巴比伦帝国攻占，耶路撒冷陷落，圣殿被毁，大批犹太人作为囚奴被带到巴比伦，过着流亡的生活，史称"巴比伦之囚"，而所罗门圣殿存在的时期又被称为"第一圣殿时期"。

【知识扩展】

据《列王纪》记载，所罗门王为建造圣殿，从推罗王希兰那里订购了大量的香柏木和松木，开采了大块的上等石头作为宫殿的地基。为了完成这个艰巨的工程，大量民众被迫参与修建，大约有3300名官员被任命去监督圣殿的建造。这场工事劳民伤财，也使所罗门背上了沉重的债务，以至于最后不得不用加利利的二十座城来偿还希兰王。

公元前538年，波斯国击败巴比伦，犹太人被允许回到迦南故土。波斯国的君主居鲁士大帝是一代伟人，骁勇善战，而且对不同的宗教十分宽容。正是在这样的背景下，回到迦南之地的犹太人得以巩固传统信仰，并有机会重建圣殿。公元前515年，即第一圣殿被毁约70年后，犹太人在圣殿旧址上重建圣殿，史称"第二圣殿"，由此开启"第二圣殿时期"。但随后的600年间，具有自治权的犹太家园先后成为波斯、希腊和罗马的一个省份，耶路撒冷则成为犹太省的首府。罗马统治时期，受罗马人委任的大希律王对犹太地进行管理，其间大希律王加固扩建了第二圣殿。

　　第二圣殿时期是早期犹太文化体系形成的时期。其间，犹太人制订了第一部成文法典《托拉》，并且编纂了流传后世的《旧约》《塔木德》等。公元70年，犹太人反抗罗马的马卡比起义失败，罗马军队攻占了耶路撒冷，第二圣殿被毁，大批起义者被杀，约有7万犹太人被卖为奴隶。公元132年，犹太人再次发动起义，但很快又被罗马人镇压，愤怒的罗马人摧毁了耶路撒冷的第二圣殿，建立了罗马神庙，并禁止犹太人进入耶路撒冷。几十万犹太人被杀，大批犹太人被虏往欧洲等地，沦为奴隶。与此同时，大量犹太人外逃，犹太人进入大流散时期。

　　犹太人流散后的五个世纪中，耶路撒冷一直处于罗马人的控制下。罗马帝国早期崇尚多神教，其信仰与希腊神话有着密切关系。公元313年，罗马帝国皇帝君士坦丁一世和李锡尼颁布《米兰敕令》，宣布罗马帝国境内有信仰基督教的自由，归还没收的教会财产。该敕令标志着基督教从被迫害走向"被认可"。公元380年，罗马皇帝狄奥多西一世（拜占庭帝国皇帝）与格拉提安（罗马帝国皇帝）共同颁布了《帖撒罗尼迦敕令》，宣布基督教为正统，并以之为罗马帝国国教。耶路撒冷成为基督教信仰中心，许多罗马风格的基督教堂在这里建立，例如著名的圣墓教堂。

　　公元7世纪，崛起的阿拉伯帝国占领了耶路撒冷，伊斯兰文化开始在那里出现并很快繁荣发展起来。公元688到691年间，哈里发阿卜杜勒·麦利克在穆罕默德登霄石，即耶路撒冷圣殿山第二圣殿的旧址上建造了岩石清真寺。三个世纪以后，阿拉伯人又在第二圣殿的遗址上，距离岩石清真寺不远处，建造了另一座伊斯兰教圣地——阿克萨清真寺。

　　这两座清真寺的建立使得耶路撒冷对于穆斯林来说也具备了神圣性。值得注意的是，阿拉伯人在建造自己的宗教圣地时，把原来犹太人圣殿的石材仍作为围墙加以利用，因此才使"哭墙"历经千年仍然保存至今，但也为后来犹太人与阿拉伯人的圣城之争埋下了导火索。

　　阿拉伯人对耶路撒冷的统治被基督教十字军终结。1099年，受教宗乌尔班二世的号召，欧洲的一些基督徒组成十字军为夺回圣城而进行东征。他们攻占了耶路撒冷，屠杀了城内大量穆斯林和犹太人，并在这里建造了耶路撒冷王国。但由于耶路撒冷特殊的宗教意义，此后数百年间，这座城市成为欧亚各王朝的必争之地，战争不断，但始终没有一个稳定的力量能够维持对这座城市的长期统治。

1517 年开始，奥斯曼帝国控制了耶路撒冷，并一直统治到 20 世纪初。统治初期，奥斯曼帝国对耶路撒冷施行宗教宽容政策，耶路撒冷得以重焕生机，老城和城墙被重建。然而，奥斯曼帝国统治机构腐朽，治理不善，导致耶路撒冷的经济发展缓慢，甚至一度陷入停滞。

18 世纪 60 年代，耶路撒冷的面积仅有 1 平方千米，也就是现在老城的面积。为了缓解居住窘境，居民开始在城墙外建造新城。一开始在城外建造房屋的当地居民是犹太人，渐渐地，其他居民也加入其中，在老城外的西部和北部建造新的居民区，阿拉伯人则主要在耶路撒冷老城的东部建房造屋。随着居民区的扩大，各片逐渐连接到一起，终于勾勒出耶路撒冷新城的面貌。

第一次世界大战以后，奥斯曼帝国解体，耶路撒冷被英国占领，英国对耶路撒冷的托管一直持续到以色列建国前夕。其间，英国托管政府既支持犹太人建国，又承认阿拉伯人在该地区拥有自治权力，导致该地区阿犹冲突不断。

第二次世界大战后，耶路撒冷的地位连同巴勒斯坦地区的归属问题交由联合国决定。1947 年联合国大会作出了相应的决议，但随着以色列的建国和第一次中东战争的爆发，耶路撒冷的归属再次发生变化。

【知识扩展】

根据联合国 1947 年 11 月通过的 181 号分治决议，英国必须在 1948 年 8 月 1 日前撤出巴勒斯坦，在委任统治结束后两个月内成立阿拉伯国与犹太国，地理疆域大概根据民族分布的情况来划分：阿拉伯国约为 1.12 万平方千米，占巴勒斯坦总面积的 42.8%；犹太国面积为 1.49 万平方千米，占巴勒斯坦总面积的 56.5%。耶路撒冷及其周围 158 平方千米的土地作为在特殊国际政权下的独立主体，由联合国管理。

　　1948 年 5 月 14 日，以色列宣布独立，第一次中东战争随即爆发。1949 年，以色列分别与埃及、黎巴嫩、约旦和叙利亚签订停战协议，耶路撒冷被一分为二，分属以色列和约旦，以色列控制耶路撒冷西部，而东耶路撒冷（包括老城和约旦河西岸）则被约旦控制。1950 年，以色列宣布定都于西耶路撒冷。以色列和约旦对耶路撒冷的控制基本稳定持续到 1967 年。这一年第三次中东战争爆发，以色列夺取东区，控制了耶路撒冷全城。1980 年，以色列议会通过法案，宣布耶路撒冷是以"永恒、不可分割的首都"，但未得到国际社会承认。1988 年，巴勒斯坦全国委员会会议通过《独立宣言》，宣布耶路撒冷为新建立的巴勒斯坦国首都。目前，以方将耶路撒冷作为政治、文化中心，将总理府、议会、大多数政府部门和最高法院设在此地，尽管没有得到国际承认，但以色列已在事实上控制了耶路撒冷。

【知识扩展】

　　1949 年停火线，以色列称之为"绿线"，是以色列与约旦河西岸之间的分界线。第一次中东战争后，以色列与埃及、约旦、叙利亚、黎巴嫩之间根据 1949 年停火协议划分此界限。

俯瞰耶路撒冷　秦吉 摄

今天，耶路撒冷作为以色列最大的城市之一，拥有近百万人口。在这座既古老又现代的多元化城市里，居民的民族身份多样，文化习俗各异。在这里，你可以偶遇穿着黑色西装，留着长长胡须的犹太正统派，也会与穿着短裤、背心的世俗犹太人打个照面，更有可能邂逅前往金顶清真寺或者阿克萨清真寺的穆斯林，或是偶遇手拿《新约》、身着长袍的基督教牧师，又或是与一个无拘无束的艺术家交谈，甚至可以看到正激愤地捍卫同性恋权利的斗士。在现代化背景下，耶路撒冷保留了过去、也面向着未来。在这座城市里，无论是精心修复的历史遗迹，还是景观优美的绿地、现代商业区、工业园区，还是不断扩大的郊区，都体现了这座现代古城所沉淀的文化底蕴和令人惊叹的连续性与活力。

二、海纳百川：老城的八门四区

老城是整个耶路撒冷的核心，位于整个耶路撒冷的东部，东临橄榄山，南邻锡安山，面积狭小，仅 1 平方千米。老城面积虽小，但是功能齐全，拥有住宅、学校、市场、商店等。对于犹太人、穆斯林和

耶路撒冷老城区分布图　王军制作

基督徒来说，老城区不仅是圣地，也是他们的精神寄托。基督教教堂的钟声、犹太人的羊角号声与伊斯兰教的宣礼声相交织，喧嚣充斥在整个老城区内。老城区的繁忙已经延续了几个世纪。清晨，来自世界各地的朝圣者经由老城的几个大门，来到西墙、圣墓教堂和圆顶清真寺进行祷告。集市上亦是

形似皇冠的大马士革门 刘蔚然 摄

一派熙熙攘攘的热闹景象，阿拉伯市场售卖各种香料、民族服饰、别有一番风味的甜品，各种肤色和说着各种语言的人在这里汇合。

老城现存城墙是奥斯曼帝国的苏莱曼大帝于1535—1538年重建的，城墙内整个区域在当时是主要的政治、生活中心。城墙的平均高度约为12米，厚2.5米，共有8座城门，其中七座仍开放使用，分别是大马士革门（Damascus Gate）、新门（New Gate）、雅法门（Jaffa Gate）、锡安门（Zion Gate）、粪厂门（Dung Gate）、狮门（Lions' Gate）、希律门（Herod's Gate），以及一座被封闭的城门——金门（Golden Gate）。老城的主要入口是：大马士革门、雅法门、粪厂门和狮门。这些带有历史厚重感的城门保留至今，成为耶路撒冷一道十分独特的风景。

大马士革门 又称示剑门或者纳布卢斯门，初建于第二圣殿时期，毁于战乱。公元2世纪的哈德良时期，罗马人在原址基础上重建了一座新门，在城前竖了一个巨大的罗马胜利柱，因而大马士革门又得阿拉伯名称"圆柱门"，但这个门柱消失已久。大马士革门得名于城外道路可以通往叙利亚大马士革，与叙利亚可通往耶路撒冷的"耶路撒冷门"相对应。1967年阿以战争中，大马士革门受到重创，经过以色列考古学家近40年的努力，这座城门恢复了往日的辉煌，并成为现在人们所能看到的样子。

　　雅法门　这座城门建于苏莱曼大帝时期，直译为"美丽的大门"，因其面朝以色列的海港城市雅法而得名。在相当长的一段时间里，这座城门颇为繁荣。它也是八座城门中唯一修建在城市右侧的城门，且设计相当独特——进入城门后，是一个非常突然的直角转弯，据说是为了抵御侵略者，让冲锋的敌人减缓速度。大卫塔紧邻雅法门，被看作是大卫王的宫殿，但其实这座建筑是被誉为"建筑狂"的大希律王的手笔，大希律王为自己的宫殿建造了三座巨大的灯塔，大卫塔的基座就是其中之一。大希律王死后，这里被当作罗马军事要塞使用，并先后被十字军、奥斯曼帝国征服，历经多次摧毁与重建，融合多种文化的建筑特色，最终形成今日遗址之面貌。实际上，大卫塔与大卫王已经没什么关系了，现在的大卫塔已经被打造成耶路撒冷历史博物馆，

雅法门　秦吉　摄

粪厂门　刘洪洁 摄

展示着这座城市从公元前 2 千年到以色列建国期间的历史。

粪厂门　粪厂门历史悠久，在圣经《尼希米记》中曾出现它的名字，这座城门得名于其昔日被作为运送圣殿中的排泄物的通道。原来的城门规模较小，1952 年，约旦当局对其进行了扩建，使之成为现在的模样。粪厂门是通往圣殿山和西墙最近的入口。

狮门　关于狮门的故事有两则。一说狮门原名"约旦河谷之门"。在一个基督教殉道者在附近被石头砸死以后，这座城门便以之为名，将名字改为"圣史蒂芬门"，而狮门是其希伯来语名

1967 年以色列伞兵正是从狮门进入了耶路撒冷老城区，图为狮门的标志　邵然 摄

狮门　徐新　摄

字，指刻在城外的两队狮子。第二则故事则称狮门的建造源于苏莱曼
大帝的一个梦。据说当年苏莱曼大帝攻陷耶路撒冷之后，欲对城中的
居民征收重税，但他在当天晚上做了一个梦，梦见自己被两头狮子吞
噬，惊醒后，他请自己的祭司解梦，祭司将这个梦解释为苏莱曼想征
重税的想法玷污了圣城，激怒了神，为了赎罪，苏莱曼特意建造了狮门。
但也有历史学家称城门外的狮子雕刻早于这座城门的建立，是从更为
久远的苏菲派道堂上拆改而来。

　　19 世纪初开始，耶路撒冷老城逐渐显现出分区的特征。尽管当时
耶路撒冷的总人口只有 8000 人左右，但是老城区已经逐渐显现出分
化的特征：犹太区、基督区、穆斯林区和亚美尼亚区，分别位于老城
的东南部、西北部、东北部和西南部。这时期四个区的分界还十分模糊，
但已经为英国托管时期老城区四个区奠定了基础。19 世纪 80 年代开始，

金门——封闭的城门 徐新 提供

受反犹主义影响，来自沙皇俄国、东欧和中东的犹太人移民巴勒斯坦地区，大量的犹太移民改变了耶路撒冷的城市人口结构，对于耶路撒冷老城区四个区的划分起了至关重要的作用。

老城犹太区的历史可以追溯至公元前 8 世纪，当时已经有犹太人在这里生活，但在 1948 年，住在这里的犹太人被阿拉伯军队包围，最终被迫全体离开，这里的犹太会堂也遭到破坏。在 1967 年第三次中东战争中，以色列从约旦手中重夺该地区，并对这一区域进行重建。老城区的犹太区有着浓厚的犹太教氛围。著名的西墙位于这一区域，从粪厂门可以直接到达西墙。在这里，可以看到非常多的极端正统派犹太人。每当安息日时，这些正统派犹太人便会前往西墙进行祷告。

西墙，又称哭墙，是犹太教最神圣的祈祷场所，信徒们会虔诚地在这座有着两千年历史的古墙边进行祷告。完整的西墙长约 488 米，犹太人聚集祈祷的那段墙位于圣殿山西南端犹太区里的大广场，其他部分隐身在穆斯林区的建筑物后。西墙是第二圣殿被毁后残存的一段。对于犹太人来说，第二圣殿被毁是犹太人流散的开始，此地也是他们

夜幕下的西墙　吴丁洋　摄

西墙前举行成人礼的犹太儿童
刘洪洁　摄

魂牵梦绕的地方。西墙前的广场天然形成了一个露天犹太会堂，广场整体被分为两个部分，靠南边的一小部分为女性区，北边的大部分为男性区。现在每当周五太阳落山后，总有一大群人来到这里进行祷告，一些人会在西墙前诵读《希伯来圣经》，虔诚地亲吻墙面。也有人会将祈祷文和请愿书塞进墙体间的缝隙中。他们相信这样做比其他做法更有机会获得上帝的回应，而这些纸条最终会被收集，埋葬在橄榄山上。现在也有了网络祈祷的形式，祈祷者在网站上填写祈祷文，它们最终会被打印下来，与塞在墙体间的纸条一起被埋在橄榄山。犹太人喜欢在西墙前的广场举行成人礼，通常在安息日、周一或者周四的早上举行。游客若恰逢此时来到西墙，便会看到载歌载舞、庆祝成人礼的犹太家庭。

胡瓦会堂是老城犹太区里非常著名的一座犹太会堂。对于当地犹太人来说，胡瓦会堂是坚忍不拔的象征。这座会堂的历史最早可追溯至18世纪早期。1721年，这座会堂曾被穆斯林摧毁，19世纪法利

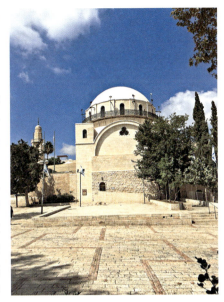

胡瓦会堂　李舒扬　摄

赛人在此重建了一座新的会堂，但阿拉伯人又在第一次中东战争期间将其摧毁。现今矗立于此的颇为宏伟的建筑是在1967年后重建的，2010年最终落成。这座会堂有着圆形的拱顶，内部装饰精美，现在已成为耶路撒冷当地的标志性建筑之一，更是犹太文化遗产的重要象征。

卡多购物区是老城犹太区里的商业中心。购物中心紧邻西墙，作为卡多马克西姆遗址的一部分，这个购物中心兼具远古与现代文化。在废墟中穿行，人们能体验到一种穿越时空的错位感。这个购物区主要出售犹太人手工制作的工艺品，尤其是犹太教的周边产品，例如哈姆撒之手（在伊斯兰文化中被称为"法蒂玛之手"）、大卫星、七枝烛台、基帕等。人们在卡多购物区除了可以购买犹太文化产品，还能在卡多艺术街欣赏犹太艺术品。这条街上有很多现代艺术品，尤其是反映当代以色列宗教文化和社会生活的摄影作品和画作。艺术家从犹太文化中汲取灵感，创造了"犹太礼仪艺术"，这不仅反映了犹太文化的深厚底蕴，更体现出由此衍生而来的艺术家们的创造力。

穆斯林区位于老城的东北角，是整个老城商业气息最为浓厚的区

域，也是四个区域中最大的一个，人们穿过大马士革门便可到达。如果说犹太区给人一种肃穆感，那么穆斯林区则是一派热闹、熙攘的景象。耶路撒冷的穆斯林大多生活在这一区域，沿街叫卖的阿拉伯店铺中商品琳琅满目，红彤彤的石榴汁、肚皮舞头巾、穆斯林女性穿的罩袍、土耳其水烟，以及那让人想要起舞的阿拉伯音乐，足以引人注目。

但是，穆斯林区内最吸引人的却是隶属天主教的圣安妮大教堂。圣安妮大教堂又被法国人称为"圣亚纳教堂"。该教堂很好地体现了十字军的建筑风格，细长的拱顶格外引人注意。据说，教堂所在的位置是圣母玛丽亚父母的家，也就是玛丽亚的诞生之处，圣亚纳正是取自玛丽亚母亲的名字。1856 年，奥斯曼土耳其为感谢法国在克里米亚战争中给予其援助，遂把这座教堂送给了法国，因此，教堂所在地的归属权在今天仍属于法国。在教堂内部，有一个下沉的水池，这个水池被认为是《圣经》中的毕士大池，传说耶稣在这里治愈了一名病人，因此人们认为这里的池水具有治病的奇效。故事的真实性不可考证，但据专家调查发现，这座池子实际上是一个含有硫黄的间接喷泉，每隔一段时间便会喷射一次，并非人们所说的是天使按时下池子搅拌池水。

基督教区位于老城的西北角，是天主教和东正教教徒的聚居区。这片区域占地仅 0.18 平方千米，狭窄的街道上布满了各种纪念品商店、朝圣者招待所以及约 20 家宗教教派的机构。基督教区与欧洲国家的联系非常紧密，19 世纪开始，欧洲各国为了扩大自己在耶路撒冷的影响力，纷纷在这片区域修建教堂，导致这里到了 19 世纪末已经没有任何多余的地方可供发展。

在众多的教堂中，圣墓教堂无疑是影响力最大的，又被东正教称为"复活教堂"。相传这座教堂所在的位置是耶稣被钉死的地方，也是耶稣圣墓所在的地方，更是耶稣死后复活升天的地方。圣墓教堂的历史跨越了近 20 个世纪。据说，这座教堂的建立得益于罗马帝国君士坦丁大帝的母亲海伦娜。公元 4 世纪，君士坦丁大帝皈依基督教后，派遣他的母亲海伦娜前往巴勒斯坦寻找圣迹。海伦娜在圣城朝拜时注意到哈德良修建的异教徒神庙和神殿，认为它们会妨碍基督徒朝圣，于是建议在这里建一座基督教堂。海伦娜称在此地发现了耶稣的墓地，并最终确认这里就是耶稣的受难地。圣墓教堂的修建自 326 年开始，历时 9 年完工。

圣墓教堂正门外观　邓伟 摄

一千多年来，圣墓教堂历经数次战乱，被毁又被重建，其间被穆斯林、基督教两方势力争夺，最终成为现在所看到的模样，这座教堂仿佛浴火重生。公元 7 世纪开始，伊朗萨珊王朝和拜占庭帝国轮流控制着这座教堂，其间圣墓教堂得到了较好的保存。直到 1009 年，伊斯兰法蒂玛王朝的哈里发哈基姆·穆萨·阿拉法因为对教堂内一年一度的圣火奇迹表演非常反感，下令将其彻底摧毁。转机出现在 1027 年，这一年拜占庭帝国与法蒂玛王朝就圣墓教堂问题达成协议，教堂因而得以重建，并最终于 1048 年完工。

在此后的岁月里，尽管圣墓教堂的归属多次易手，但教堂本身并未遭到人为的大规模破坏。可惜，1808 年一场意外的大火以及 1927 年的地震，使得教堂结构受损，让教堂不得不面临重修。然而，由于圣墓教堂由三方教会——希腊正教会、天主教会及亚美尼亚使徒教会共同管理，三个教派之间又存在分歧，因此修复工程迟迟未能进行。直到 21 世纪以后，相关各方才达成一致，对教堂进行修缮。

2015 年，以色列文物局指出圣墓教堂的结构不安全，该教堂因此被短暂关闭，这也使得三个教会就修缮事宜达成一致。目前，教堂的修复工程已经开工，尤其是教堂最核心的圣墓的修复工作。神龛是三个教会共同管理的部分，也是此次修缮工程的重点。修复期间，教堂

圣墓教堂巨大的窗户与不起眼的扶梯——圣墓教堂由三个教会管理，长期以来，他们处于斗争之中，一旦发生争执，进入上层建筑的楼梯的使用便受到限制，因此，便需要在教堂外放置扶梯，从窗户进入自己的管辖区。现在，圣墓教堂已经建立委员会，协调三个教会，因此，扶梯的功用已经成为历史。　　　　　　徐新 提供

仍对外开放。修复工程由希腊国立雅典理工大学负责，三个管理教会及约旦国王出资支持教堂的修复工作，截至 2019 年，各方已经达成圣墓教堂第二部分修复工程的协议。

涂油石板　传说耶稣死后就躺在这块石板上　秦吉 摄

耶路撒冷的苦路是基督教区最重要的朝拜路线，但其实苦路的大部分位于穆斯林区。2000 年前，这条路是耶路撒冷的中心路线，死囚犯是沿着这条路走向刑场的。据《圣经》，当年耶稣背着十字架走的就是这条路，因为他

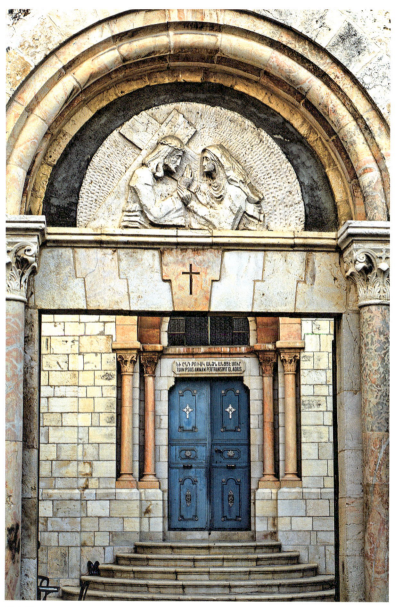

苦路第四站——圣母痉挛小教堂 耶稣在这里遇见母亲玛丽亚。玛丽亚看见儿子耶稣遍体鳞伤，心痛如刀绞，悲痛万分。这座亚美尼亚教堂故得名"圣母痉挛小教堂"。

徐新 提供

苦路第五站——据说，受尽折磨的耶稣再也没有力气背起十字架前行，押解他的罗马士兵命令路人西蒙为耶稣背负十字架，后来，西蒙成为一名基督教教徒。1895年，这里修建了西蒙教堂。　　　　　　　　　　　　　　　　　　　　　　徐新 提供

位于西蒙一侧的耶稣手印——传说虚弱的耶稣在此处扶墙。现在，游客常常将手放在这里感受，也因此使得这个"手印"愈加明显。　　　　　　　　　　　　徐新 提供

这块展示苦路的石绘由美国银行家约翰·怀特汉德捐赠，形象地向世人描述了耶稣所受之苦。　　　　　　　　徐新 摄

在这条路上停了 14 次，所以现在苦路上相应有 14 站。苦路的 14 站分别是：耶稣遭到审判并被判钉死于十字架上、耶稣背十字架走向刑场、耶稣第一次跌倒、耶稣遇见自己的母亲、西奈人西蒙帮耶稣背十字架、维罗妮卡为耶稣擦面、耶稣第二次跌倒、耶稣劝告耶路撒冷的妇女、耶稣第三次跌倒、耶稣被剥去衣服、耶稣被钉上十字架、耶稣在十字架上死去、耶稣从十字架上被放下、耶稣被放置于坟墓中。从耶稣被剥去衣服到他的身体被放入墓中，均发生于现在的圣墓教堂之中。

苦路第八站——耶稣劝告耶路撒冷的妇女　徐新 提供

> 有许多百姓跟随耶稣，内中有好些妇女；妇女们为他号
> 啕痛哭。耶稣转身对她们说，耶路撒冷的女子，不要为我哭，
> 当为自己和自己的儿女哭。
>
> ——《路加福音》（第二十三章第二十七节至第二十八节）

亚美尼亚区是老城四个区域里面积最小的，位于老城的西南角。耶路撒冷的亚美尼亚历史可以追溯到公元3世纪，当时亚美尼亚人的国王皈依基督教，使得亚美尼亚成为第一个正式信仰基督教的国家。在之后的一个世纪里，亚美尼亚人逐渐在耶路撒冷定居。公元4世纪，亚美尼亚王国消失，耶路撒冷被当作亚美尼亚人的精神首都，此后，耶路撒冷的亚美尼亚人数量不断增长，甚至一度达到两万五千人。亚美尼亚人起初因宗教信仰而定居耶路撒冷，但20世纪初，奥斯曼土耳其帝国对亚美尼亚地区进行种族大清洗，据历史学家统计，有超过100万的亚美尼亚人遭到杀害，幸存下来的一些亚美尼亚人逃至耶路撒冷。然而，当时耶路撒冷也处于奥斯曼的统治之下，幸存者非常害怕在耶路撒冷再次遭到屠杀，于是在老城区的亚美尼亚区建了另一座墙，规定所有与外族通婚的亚美尼亚人必须搬离，并且每晚十点钟即关闭城门。该规定在现在依然得到执行。

尽管历史是沉痛的，但现在的亚美尼亚人生活在和平的环境中，亚美尼亚文化也在繁荣发展。亚美尼亚历史艺术博物馆是了解亚美尼亚历史、文化和艺术的最佳去处，尽管面积不大，但展示了亚美尼亚人的珍贵文物，例如亚美尼亚古钱币、手织地毯，以及为人津津乐道的陶瓷瓷砖等。1919年，对岩石圆顶清真寺的修复工作催生出亚美尼亚人在耶路撒冷的第一座陶瓷作坊，这一传统手艺延续至今。人们如果想要欣赏亚美尼亚风格的陶瓷制品，可以去圣亚各主教堂参观，那里装饰着很多蓝白图案的瓷砖，又或者可以去圣安德烈教堂，该教堂的入口处以及住宿区都铺着这种风格的地砖。

三、圣城的核心：圣殿山

圣殿山被犹太教、基督教和伊斯兰教均奉为圣地，位于老城的西部，与穆斯林区和犹太区相接。世界上恐难找到第二处像圣殿山这样兼具神圣性与争议性的地方。在犹太传统中，圣殿山曾是上帝创造亚当的地方，也是亚伯拉罕献祭的发生地，亚伯拉罕的孙子雅各也正是在此处与上帝摔跤，被赐名"以色列"（与上帝摔跤的人）。尽管人们在这里并未找到任何考古线索，但圣殿山被看作所罗门建造的第一圣殿的遗址，以及大希律王加固的第二圣殿的遗址。对于穆斯林来说，圣殿山是伊斯兰教最神圣的两大建筑——金顶清真寺和阿萨克清真寺的所在地。据传，在 7 世纪中叶，生活在麦加的人相信先知穆罕默德曾告诉其追随者，他只用了一个晚上的时间就到达了"最遥远的清真寺"，并带领其他先知在那里祷告。尽管穆罕默德没有指明这个地址就在耶路撒冷，但最遥远的清真寺在阿拉伯语中为"Haram esh-Sharif"，意为高贵的圣所，这便使得耶路撒冷成为穆斯林的圣地，圣殿山成为神圣的祈祷之地。基督徒对圣殿山的崇拜则开始于罗马人对圣殿山的统治，以及在那里建造的一座宙斯神庙，神庙后来成了一座基督教教堂。

正是圣殿山对于三大宗教的意义使其颇具争议性。1967 年中东战争后，以色列的军事指挥官摩西·达扬将圣殿山的控制权交给穆斯林，但却未得到狂热圣地犹太民族主义者的认可，进而导致了双方的摩擦与冲突不断。穆斯林对两座清真寺的管理非常严格，通常非穆斯林是被禁止入内的。非穆斯林可以通过摩尔之门进入清真寺外围参观，但要遵循一些严格的规定，例如所有人都要穿戴得体，不可携带宗教物品，以及在特定时间入内，否则将被拒之门外。

岩石清真寺俗称金顶清真寺，又被称为圆顶清真寺、登霄石清真寺。顾名思义，这座清真寺得名于其圆顶下有一块对于犹太人和穆斯林均颇具神圣意义的岩石。对于犹太人来说，这块岩石处于耶路撒冷圣殿至圣之所；而对于穆斯林来说，它是先知穆罕默德夜行登霄、到天堂见到真主的地方。这座清真寺更像是一个圣地，而非祈祷的场

岩石清真寺　秦吉　摄

所。这座清真寺建造的起因颇具争议，但学者们都同意这座清真寺是按照倭马亚王朝哈里发阿卜杜勒·麦利克的构想建造的。一些学者认为麦利克是为了取代麦加的克尔白才建造了这座清真寺，另一些人则认为这座清真寺的建造是为了纪念伊斯兰教先知穆罕默德，以及向其他宗教显示力量——伊斯兰教是公正且全能的，可以取代基督教和犹太教。无论到底出于何种原因，688 年开始，这座建筑开始动工，并于 691 年完工。岩石清真寺仿照圣墓教堂的建筑风格，以圣墓教堂的圆形大厅为模型，并且在清真寺内外都装饰了明亮且精致的镶嵌图案，在岩石圆顶上覆有装饰精美花纹的蓝色系彩釉陶砖，镌刻着《古兰经》的经文。这座清真寺还使用了马赛克，但不包含任何人像或者动物的图案，而是以阿拉伯文字和植物图案为特色，兼之珠宝和皇冠等物品的图像。历经一千多年的风雨，这座清真寺是现存最古老的伊斯兰教建筑之一。现在所看到的金顶由已故的约旦国王老侯赛因捐赠，由约5000 块金板构成，并非此前的金圆顶。

　　阿克萨清真寺与金顶清真寺遥遥相对，于倭马亚王朝的哈里发瓦

阿克萨清真寺　秦吉 摄

利德一世时期建造。阿克萨清真寺又称银顶清真寺，"阿克萨"意为"遥远"，因而该清真寺又名"远寺"。与金顶清真寺的象征性相比，这座清真寺更具实用价值，目前仍作为礼拜堂使用。

在耶路撒冷老城的外围还有两座山：一座是橄榄山，另一座是锡安山。与圣殿山一样，对于犹太人和基督徒来说，这两座山也是神圣之地。根据犹太经典，在大卫王的儿子押沙龙叛变后，大卫王逃往了橄榄山，这里同时也被认为是弥赛亚时代开始的地方。这座山上有大片的犹太墓地，其中有一些甚至有上千年历史，那些从西墙收集的祈祷纸条也都埋在这里的犹太墓地中。众多安息在此处的人中，有一位因在二战时拯救了大量犹太人而受到尊敬的人——奥斯卡·辛德勒。

对于基督徒来说，橄榄山是耶

奥斯卡·辛德勒之墓　李舒扬 摄

稣被钉死前度过最后一周时光的地方，是耶稣复活以及升天的地方。因此这座山上分布着大大小小多座教堂，例如升天教堂、主哭耶京堂、抹大拉的玛丽亚教堂、主祷文教堂、苦闷（万国）教堂、圣母玛利亚教堂等。

　　锡安山指耶路撒冷南部的一座小山。"锡安"原指大卫王占领的一座耶布斯城堡。从拜占庭时期开始，锡安山开始指耶路撒冷老城外的一座小山，因为人们认为那里就是大卫城的原址。锡安山是重要的朝圣地，曾经还包括老城区上部所在的整个山脊，现在指锡安门外老城区南边的山丘。《圣经》中说，"因训海必出于锡安，耶和华的言语，必出于耶路撒冷"。在犹太人看来，锡安就是耶路撒冷乃至整个以色列地，犹太人用锡安主义作为犹太复国主义。在基督徒看来，耶稣和门徒进行的"最后晚餐"就发生于此地。因此对于犹太人和基督徒而言，这里都是神圣的地方。犹太人认为以色列伟大的君主大卫王正是葬于此处，因而这里有大卫王墓地。

橄榄山上的犹太墓群　刘洪洁　摄

升天教堂　王慧　提供

传说耶稣就是踩着这块石头复活升天　王慧　提供

形似一滴眼泪的主哭耶京堂（右侧）　徐新　提供

苦闷教堂　刘蔚然　摄

抹大拉的玛丽亚教堂　徐新 提供

大卫王墓指示牌 刘蔚然 摄

实际上，现在所谓的大卫王墓是一个高 2.44 米、宽 2.48 米的衣冠冢，由先知穆罕默德孙子侯赛因的后代达加尼家族守护。

马可楼（"Cenacle"这个词来源于拉丁语中的"饭厅"）被认为是第一座基督教教堂，这里是基督教和犹太教的圣地。对于基督教徒来说，这里是耶稣与其门徒共进最后晚餐的地方。而对于犹太人来说，这里是大卫王墓所在的地方。这里曾多次发生动荡，几经易手。16 世纪，穆斯林驱逐了这里的方济各会修士，大厅被改成清真寺的一部分。现在，我们从马可楼的装饰上也依稀可看出不同宗教文化在这里融合的影子：哥特式 - 基督教风格的尖窗台，穆斯林风格的窗户，十字军风格的尖顶

鸡鸣教堂 徐新 提供

以及墙上的阿拉伯文书法。从马克楼上可以看到圣母安息修道院、老城墙和壮丽的橄榄山。

相传，晚餐结束后，耶稣对门徒彼得说："在我被抓以后，你会在鸡鸣前三次不认我。"事实的确如此，彼得出于恐惧，在耶稣被抓后，三次表示不认识耶稣。为纪念此事，耶稣的追随者修建了一座教堂——鸡鸣教堂。

四、民主精神与教育的象征：新城

以色列是目前中东唯一在政体方面实行民主制的国家。1948 年建国后，以色列确立实行议会制。作为一个议会制国家，以色列的最高权力机构是议会，议会拥有立法权，负责制定和修改国家法律，对政治问题进行表决，批准内阁成员的任命并监督政府工作，以及选举总统和议长。耶路撒冷新城正是其民主性的载体——以色列国会大厦的所在地，也是以色列第一所犹太大学——希伯来大学的所在地。

耶路撒冷新城围绕老城发展而来。18 世纪 60 年代，耶路撒冷已经拥挤不堪，居民开始在城墙外购地置屋，逐渐建起新城。这一举动的先驱是当地的犹太人，随后其他族群纷纷效仿，开始在城外西部和北部兴建居民区。这些居民区不断扩大，并连接到一起，构成现在新城的模样。与老城浓厚的宗教文化氛围相比，新城有着更加轻松的氛围。在新城里，人们不仅可以看到熙熙攘攘的现代步行街上挤满了来自世界各地的游客、餐厅、纪念品商店，还能看到街头表演的音乐家与艺术家。

以色列国会是以色列最高的权力机构，沿袭了公元前 6 世纪犹太人大议会机构的希伯来语称谓——"克奈塞特"（Knesset）。现在的国会大厦自 1966 年开始启用，整个大厦形状方正，仅七八层高，显得十分质朴、低调。大厦的正面有一座高 5 米的青铜雕塑，该雕塑是犹太教圣物之一——七枝灯台的形状，象征着光明与希望，由英国议院于 1956 年赠送。大厦地下还有 7 层，这是为战争所做的准备（以色列几乎各处都有防空洞，以应对来自周边国家的武装攻击）。以色

以色列国会大厦正面　徐新　提供

位于以色列国会前的七枝灯台。灯台上有29个浮雕，分别代表犹太历史上的重大事件。

王慧　提供

列议员数量延续了古代犹太大议会机构的数量，为 120 人，因此议事厅内的席位有 120 个，也被摆成七枝灯台的形状。

犹太民族重视教育由来已久，在以色列国建立以前，建立一所大学的计划便在酝酿之中，并从 1918 年开始被付诸实践。希伯来大学是以色列第一所大学，被视作犹太民族在其祖先发源地实现文化复兴的象征。20 世纪的科学精英们，如爱因斯坦、弗洛伊德以及马丁·布伯等人共同创建了这所大学。如今，希伯来大学拥有斯科普斯山、吉瓦特拉姆、雷霍伏特、英科雷姆四个校区，已经发展为一所具有国际声誉的高等教育及研究中心。

五、穿黑色西装的人

耶路撒冷是以色列宗教性和民族性特色最明显的城市，拥有以色列最多的犹太极端正统派（又称"哈瑞迪犹太人"）和最多的以色列阿拉伯人口。当今全球 83.9% 的犹太人集中在以色列和美国，以色列又相对更多。2020 年，以色列拥有近 700 万犹太人，其中极端正统派约 117.5 万，约占全国总人口的 12.6%。以色列极端正统派犹太人集中在耶路撒冷和贝尼巴科，两座城市的极端正统派共占全国的 44.1%，耶路撒冷是其中较大的一个，约占 22.7%。

人数超多的极端正统派使耶路撒冷有着浓厚的犹太教氛围。在耶路撒冷的大街上，尤其是西墙附近，经常可见身着黑色西装、戴基帕（一种犹太教的小帽子）、穿黑色皮鞋与黑色袜子、鬓发垂颊、络腮胡的极端正统派男性。由于极端正统派认为黑色表示谦卑，因此要求女性也穿黑色衣服。已婚极端正统派犹太女性则要剃掉头发，戴着假发或头巾，身穿遮盖大部分身体的朴素衣服。极端正统派是犹太教内最保守的一支，几乎不与非犹太人或世俗人士交流，甚至不会对视。

在日常生活中，极端正统派恪守犹太教律法。犹太教是一种实践性的宗教，强调遵循犹太律法礼仪，在这一点上，极端正统派忠于犹太传统，严格践行犹太仪礼。在某个时间段，耶路撒冷所有的犹太店铺和交通系统（阿拉伯区除外）都会停止运营，这座人声鼎沸的城市

西墙前祈祷的正统派犹太人　秦吉　摄

便突然陷入安静，这时，步行前去祈祷的极端正统派就成了一道独特的风景。这一现象出现于犹太人的安息日，根据犹太律法，每周五日落时到周六黄昏时为安息日（Shabbat），在希伯来语中意为"停止"。安息日期间，犹太人不可做工，不能开火做饭，需在安息日到来前准备好餐食，不能开车，甚至不能使用电视遥控器和电源开关等一切与电有关的设备。尽管电梯是某种情况下的必备之物，但犹太人不可在安息日按电梯上的开关按钮。为解决这个问题，每逢安息日，在耶路撒冷可以看到一种自动运行的电梯，上行下行的电梯会每层停靠，自动开关电梯门，每次大概停留三十秒，尽管有些麻烦，却很好地解决了安息日期间犹太人不可按电梯按钮的问题。与此同时，安息日期间，也有一些可以做的事情，例如骑自行车和走路，根据饮食法进食，以及用希伯来语祈祷等。安息日是犹太节日中最特殊的一个，这是摩西十诫中唯一提及的节日。在犹太人看来，这一天是献给上帝的，因为安息日是上帝专门吩咐要过的节日。安息日的设置为犹太人最重要的活动——与上帝交流、祈祷、学习经典提供了时间上的保证。

犹太经典的学习是极端正统派日常生活的主要内容。极端正统派男性的日常活动是学习《托拉》，这是犹太宗教教育的核心。极端正统派男性自幼时起便开始用希伯来语学习《托拉》，4 岁起要背诵十诫，5 岁到 13 岁之间就读于塔木德托拉学校（初级犹太经学院），而女生则就读于女子学校。从 17 岁到结婚前，男子就读于高等经学院。经学院主要提供犹太神学学习，而非专业型或职业型学习。个别女子院校具备师范性质，以便极端正统派女性毕业后找工作，养家糊口。而男性则一直研习犹太经典，不参与社会劳作。今天极端正统派最大的特色是男性"脱产读经"。按照以色列极端正统派的公开教义，妇女如果在物质和情感层面上供养家庭，就能从丈夫的《托拉》学习中分享到同等的荣誉。

极端正统派不参与社会的另一方面体现为免服兵役。以色列是全民兵役制，然而极端正统派一直享有免服兵役的特权。建国之初，总理本 - 古里安为顺利建国，团结犹太人中的各方势力，对极端正统派做出妥协。与此同时，本 - 古里安还允许极端正统派建立以经学院为核心的宗教教育体系，并予以政府资助。然而，当时的经学院不过区区四百名学生，今天极端正统派的人口已超过一百万，给政府财政造成极大负担，大量的劳动力不事生产，造成人力资源的浪费，其他以色列人对于极端正统派不劳动的行为也十分不满，以上种种造成社会氛围紧张。

极端正统派的婚姻是其保守的社团生活得以为继的重要原因。极端正统派往往不与外人通婚(intermarriage)，不同民族、不同宗教，甚至不同教派之间的婚姻都是不被允许的，只能是"宗教间婚姻"（interfaith marriage）。极端正统派的生育率非常高，2020 年，极端正统派的人口增长率为 4.2%，几乎是以色列总人口增长率（1.9%）的两倍。面对极端正统派超高的出生率，一些研究机构称，到 2030 年，极端正统派的人口将达到以色列人口的 16%，到 2033 年，其总人口将达到 200 万。

与数量众多的极端正统派相对应的是耶路撒冷大大小小的犹太会堂。没人知道耶路撒冷会堂数量的确切数字，有人说有 1000 座，也有人说约有 2000 座，更有人说超过 6000 座，无论是哪个数字，耶路撒冷的会堂之多总令人咋舌。自犹太人流散以来，犹太会堂逐渐成为流散地犹太人学习、祈祷、聚会的场所，但犹太会堂并非圣殿的替代品，而是与之并列的存在。有资料表明，在第二圣殿被毁以前，犹太会堂已经出现，这证明犹太会堂具有更深远的意义。耶路撒冷老城内有一些历史久远的会堂。犹太区自然是这些会堂最集中的地方，这里有一些非常著名的会堂，如蒂法雷特以色列会堂、胡瓦会堂（见前文）、拥有两个藏经柜的拉姆拉会堂、外形如极端正统派的舞蹈圈的四个塞法迪会堂、梅纳赫姆锡安帐幕会堂、大卫·本·西蒙会堂等。亚美尼亚区也有阿里会堂和生命之光会堂两座会堂。穆斯林区有匈牙利人建立的以撒帐幕会堂，以及一所耶希瓦经院学校。在新城，最著名的当属贝尔兹会堂，又称大会堂，这座会堂是耶路撒冷最大的犹太会堂，由犹太教的一支——哈西德派兴建。此外，还有 20 世纪初由叙利亚移民建造的阿德斯会堂、希伯来大学斯科普斯山校区内的希伯来会堂、希勒尔大街的一座意大利会堂等。

　　众多会堂的背后是耶路撒冷这座古城经历的风雨，更折射出今日耶路撒冷城市文化的冰山一角。首先，会堂的建立者来自不同的教派、族群。在耶路撒冷，犹太人主要有塞法迪犹太人和阿什肯纳兹犹太人，这两个群体的文化背景不同，对犹太教经典的理解不同，受现代化影响的程度也有很大差异，教派之间分歧巨大。例如，贝尔兹会堂属于哈西德派，而胡瓦会堂则属于其反对派。其次，耶路撒冷并不只属于犹太人，其中居住的还有阿拉伯人、亚美尼亚人和基督徒等，犹太会堂与经学院在老城的其他三个区以及新城内都有分布，其隐含的意义在于推动犹太人在耶路撒冷占据主导性地位。

　　以色列还是世界上博物馆最多的国家之一，而耶路撒冷的博物馆数量又是整个国家最多的。耶路撒冷的博物馆种类多样，包括宗教的、考古的、艺术的、民族的、科技的等，时间跨度从古代到现代。可以说，耶路撒冷就像是一座博物馆的博物馆。

　　以色列博物馆是以色列最大的文化机构，也是世界领先的艺术和考古博物馆之一。以色列博物馆成立于 1965 年，经过大规模扩建和

以色列博物馆标志性建筑——存放《死海古卷》的"圣书之龛"的形状　李舒扬　摄

翻新，于 2010 年重新开放。该博物馆收藏了近 50 万件物品，囊括世界上各种物质文化类型，有许多超过 5000 年历史的文化宝藏。亮点是考古展厅、美术展厅、生活节奏展厅以及镇馆之宝《死海古卷》。尽管这座博物馆有很多值得一看的内容，但最吸引人的莫过于发现于马萨达的《死海古卷》及相关文物，以及一个第二圣殿时期的耶路撒冷城市模型。

馆内展示古卷的循环系统　徐新　提供

　　上图这座形似罐子的、拥有独特盖形屋顶的建筑物名为"圣书之龛"，收藏着《死海古卷》。1947年，死海附近的库姆兰洞中出土了世界上最古老的《希伯来圣经》抄本，故名《死海古卷》，又称《死海经卷》《死海书卷》《死海文书》等。除了《以斯帖记》，《旧约》所有的内容都能在《死海古卷》中找到，古卷中还有一些被视为外典的经卷。古卷的发现可谓犹太人当代考古学最重要的发现，这些经卷证明了犹太人《希伯来圣经》的诞生早于耶稣被钉上十字架的时间，奠定了犹太教的历史地位。

　　古卷主要使用的是羊皮纸，部分是莎草纸，因而在出土后具有易碎性，很难将所有的卷轴展示在一个平面上，于是馆方采用了循环展示系统，解决了这个问题。每个卷轴的展示时间是3—6个月，依次轮流。

　　伊斯兰艺术博物馆是以色列唯一以伊斯兰艺术为主题的博物馆，是了解伊斯兰文化的最佳去处。这座博物馆于1974年开馆，收藏着来自全世界各地、各式各样的伊斯兰风格的艺术瑰宝，包括玻璃、珠宝、陶瓷、地毯等。整个博物馆包括9个画廊，按照时间顺序，展示了各种伊斯兰艺术品。其中最引人注意、也最具戏剧性的当属钟表收

《死海古卷》的样章　王慧　提供

藏。这里的钟表收藏主要是大卫·所罗门爵士的钟表藏品，其中包括被称为"埃及艳后"的蒙娜丽莎时钟。然而颇具戏剧性的是，1983 年，这里发生了一起堪称以色列最惊人的盗窃案，直到 2009 年，这些丢失的钟表才被追回。

赫茨尔墓　王慧 提供

　　赫茨尔博物馆以西奥多·赫茨尔的名字命名。赫茨尔被誉为"现代政治犹太复国主义之父"，是推动现代以色列建国的先驱之一。赫茨尔出生于奥匈帝国（现在匈牙利）的一个犹太家庭，并且进入大学接受了高等教育。大学时期的赫茨尔先是学习法律专业，后投身于新闻事业，并在毕业后成为一名记者，这让赫茨尔得以接触到反犹主义的声音。赫茨尔曾追踪报道了当时在法国臭名昭著的"德雷夫斯案"，正是这起案件让赫茨尔成为一名"犹太复国主义者"。此后，赫茨尔开始积极投身犹太复国主义运动，推动建立一个犹太国家。正是赫茨尔的不懈努力，犹太复国主义犹如小溪汇成的大河，最终推动建立了以色列国。尽管赫茨尔没能亲眼见证以色列国的建立，但现代以色列国却深深地铭记着这位伟人。1904 年，赫茨尔去世，以色列建国以后，赫茨尔的墓被迁到耶路撒冷最高的山顶上，这座山被命名为赫茨尔山。赫茨尔山的东边有一座专门用来纪念他的赫茨尔博物馆，这座博物馆详细记载了犹太复国主义者们的历史，人们在这里可以深入了解这位伟人的故事。

六、活力十足的"斜杠"文化

　　令人惊喜的是，耶路撒冷尽管有着厚重的宗教文化与历史，但却并不缺少现代性元素。"斜杠"（"/"）的概念最早出现于美国作家玛西·埃尔博尔的《一个人／多重职业》中，用以指代拥有多重职业和身份的人。随着这个概念被广泛使用，"斜杠文化"应运而生，用于表示文化的多元性和丰富性。今天的耶路撒冷是朝圣圣地、以色列

以色列艺术节的街头表演①

大卫塔灯光秀　刘洪吉　摄

---

① 图片来自：https://magdeleine.co/browsel。

的政治中心、艺术文化重心，每年有非常多的艺术节在这里举办，例如以色列艺术节、电影节、音乐节、品酒节、歌剧节、灯光节等，是一个十足的"斜杠"之地！

耶路撒冷的各类娱乐节日让人眼花缭乱，像是一个有着巨大吸引力的磁铁，吸引了大量国内外的人前往。这些艺术节日基本在每年的4月到9月举办，活动规模大，持续时间长，类型多样，已经成为耶路撒冷的固定活动。

以色列艺术节是耶路撒冷最著名、最盛大的活动。自1961年开始，该节日于每年5月下旬到6月上旬举办。这场持续约3周的盛会会邀请来自以色列及世界各地的艺术家，为观众呈现音乐、舞蹈与戏剧的视听盛宴。

耶路撒冷灯光节紧跟以色列艺术节，在每年的6月下旬至7月中旬举办。这个节日采用现代技术，使老城里的地标建筑和街道在五颜六色灯光的装饰下，显得格外迷人，烘托出一种身在童话中的氛围，让人流连忘返。

如果说灯光节是一场视觉盛宴，那么耶路撒冷的音乐节则当之无愧是听觉享受。耶路撒冷每年会举办多个音乐节，每个音乐节都各具特色。在每年的9月下旬，耶路撒冷神圣音乐节在老城举办，尽管时间只有4天，但会有来自世界各地的表演，其间，大卫塔博物馆将会有一场通宵演出。在11月举办的、为期10天的国际乌德琴音乐节上，演奏者会展示中东的传统乐器——乌德琴的曼妙声音。此外，还有诸如歌剧节等活动每年也会在耶路撒冷举办，对于想要了解多元的音乐文化的爱好者来说，耶路撒冷的各类音乐节绝对让他们大饱耳福！

以色列的酒文化也广受国际认可，尤其是葡萄酒更是受人青睐。以色列恶劣的自然条件如同一枚硬币的两面，尽管给农业发展带来了巨大的挑战，但也成就了一些作物生长的优良环境，比如戈兰高地适宜葡萄生长。以色列的葡萄酒闻名世界，每年的8月下旬到9月上旬，在以色列博物馆的花园中会举办为期4天的葡萄酒节。其间，各精品酒庄和国际知名品牌都会参加这场高雅的品鉴会，展示出自己最好的产品。

耶路撒冷葡萄酒节①

如果说葡萄酒给人的印象是高雅的、有阶级感的、属于上流社会的，那么啤酒就是亲民的、大众的、更适合日常的。近年来，以色列精酿啤酒工艺受到全世界专业人士及消费者的欢迎与认可，并获得多个啤酒行业大奖。独树一帜的创新酿酒技术、千年沉淀的多元文化背景使以色列始终走在啤酒酿造行业前端并成为当之无愧的啤酒大国。每年8月，耶路撒冷独立公园上的草坪会变身为一个露天酒吧，逾120种来自世界各地的优质啤酒以及以色列本地的精酿啤酒都会在这场啤酒节上被展示。

七、永不能忘的大屠杀记忆

反犹主义已经有上千年的历史，从中世纪延续到当代，其形式与内涵都发生了巨大的变化，呈现出宗教、经济、社会、政治、种族等维度，在各个时期表现不同。反犹主义在历史上曾有几次高潮，中世纪英国曾驱逐犹太人，随后西班牙也驱逐过犹太人，19世纪80年代俄国掀起过反犹主义浪潮，一直到20世纪30年代，德国纳粹反犹导致了举世震惊的大屠杀运动。犹太人的处境不容乐观，然而也正是持续性的反犹主义最终推动了以色列国的建立。

纳粹大屠杀是近代世界最令人震惊与值得世人反思的事件之一。600万犹太人命丧纳粹之手，与此同时，还有其他的少数族群也在这

---

① 图片来自：https://magdeleine.co/browsel。

一屠杀运动中遭受重创。如何铭记这段沉痛的历史，成为以色列建国后急需考量的重点。基于这种背景，1953 年，以色列国会通过纪念法令，并决定正式建立一座大屠杀遇难者纪念馆。1954 年，以色列政府决定建造一座名为"Yad Vashem"的纪念馆，意为"有纪念，有名号"，以展示并保存纳粹大屠杀死难者以及顽强抵抗的英雄的集体记忆。在选址问题上，几乎所有代表都一致主张将之设立在耶路撒冷。

　　纪念馆的宗旨有四项：纪念大屠杀受害者、记载大屠杀历史事实、促进大屠杀研究以及进行大屠杀的公众教育。整个纪念馆包括一间纪念堂、一个历史博物馆、一个画廊、一间名号堂、一座档案馆、一座犹太教堂、一个教育中心和"毁灭社区的山谷"。历史博物馆是主展馆，包括十个展厅。该展馆详细介绍了大屠杀事件，按照时间顺序和主题讲述故事，从 A 到 J，配有历史遗物、电影资料、个人证词视频、照片和装置艺术，最后一个展厅是名号堂，由罗斯柴尔德家族基金会捐赠，这里保存了在大屠杀中丧生的 600 万人的姓名，是整个纪念馆

名号堂　崔财周　摄

大屠杀遇难者雕塑   吴丁洋 摄

最令人震撼的展厅之一。

2005 年 11 月 1 日，联合国大会通过第 60/7 号决议，指定每年 1 月 27 日为纪念大屠杀遇难者的国际纪念日，以纪念那些在大屠杀中死难的人们。联合国秘书长说这特殊的一天是"提醒世人牢记大屠杀的普遍教训的重要日子，对这一独特的罪恶，不能简单地让它成为历史并遗忘"。

谨以于奥斯威辛遇难的波兰犹太剧作家伊扎克·卡茨尼尔森的诗纪念无辜丧生的人们：

> 我梦见了可怕的灾难，
> 我的人民走了，不再活着。
> 我大叫起来："哦，不！哦，不！"
> 我的梦——变成了这样！
> "哦，至高的神啊，"我颤抖着喊道，

"我的人民，死了！为什么，为什么？

为什么，为什么？他们徒劳地死了，

不是在战争中，为他们的生命而战，

年轻人，老人，甚至妻子和孩子，

他们不再——哀叹悲伤！"

整天整夜，我哭泣，哭泣，

"神啊，为什么？为什么，安东奈（希伯来语音译）？"

——《被谋杀的犹太人之歌》节选

八、以色列的"老干妈"与"犹太洁食"

在中东沿地中海地区，有一种非常受欢迎的佐餐酱料——鹰嘴豆泥，人们用它来搭配肉类、沙拉，做汤、做饼、做蛋糕，它的国民地位堪比中国的老干妈，几乎是家家户户的必备之物。在耶路撒冷，人们会热情地推荐各种鹰嘴豆泥，如果不尝试一下，那可真是一大憾事！

尽管在以色列各地区都可见到鹰嘴豆泥的身影，但耶路撒冷老城可以找到"最佳鹰嘴豆泥酱"的竞争者。在基督教区，有一家超过30年的鹰嘴豆泥老店——里纳（Lina）餐厅，它位于苦路的8号站附近。这家店的独特之处在于，它多年来提供的鹰嘴豆泥始终保持同一个味道。但近年来，更多风味的鹰嘴豆泥被开发出来，如带松子的鹰嘴豆泥、带豆子的鹰嘴豆泥和带煮鸡蛋的鹰嘴豆泥。

在耶胡达市场，有一家比耶胡达市场更早开业的餐厅——阿祖拉餐厅。进入21世纪以来，耶胡达市场成为耶路撒冷最大的本土市场，阿祖拉餐厅也愈加闻名，这家餐厅提供各类传统美食，在这里，游客可以品尝到十分正宗的老中东口味鹰嘴豆泥。穆斯林区的"阿克拉马维胡姆斯"餐厅成立于1952年，这家餐厅的鹰嘴豆泥口感没有那么绵密，但由于添加了柠檬汁等配料而拥有了独特味道。此外，这家店还提供法拉费（鹰嘴豆丸子），以飨食客。

以色列被称为"美食荒漠"，真正可称为本土的、有代表性的以色列食物屈指可数。以色列恶劣的自然条件限制了食物品种的多样性，

胡姆斯 黄翔晖 摄

也限制了人们关于食物的想象力与创造力。以色列建国以后，来自各个国家的移民丰富了这个国家文化的多样性，更带来了丰富的饮食文化。然而与此同时，文化背景的多样性也导致以色列缺少一种可被称为"本土特色"的饮食文化。鹰嘴豆泥跨越宗教文化间的隔膜，被犹太人和阿拉伯人同时接受，唯一不同的可能是犹太人可以一日三餐都吃鹰嘴豆泥,而阿拉伯人传统上只在上午或者下午早些的时候吃热的鹰嘴豆泥。现在，胡姆斯（鹰嘴豆泥的希伯来语音译）是以色列美食的一张响当当的名片，也是以色列为数不多的美食中最让人印象深刻的一个。

以色列的美食之所以匮乏，也与犹太饮食法密切相关。饮食法对于犹太人来说非常重要，按照中国人的话来说，"民以食为天"，而犹太人认为上帝的话才是"天"，犹太人的饮食法来自"上帝的话"，所以要遵守。根据饮食法的规定，食物分为可食和不可食，犹太人可食"kosher"，即洁净、完整、无瑕的食物。具体来说，肉类食物要有鳍有鳞，因此虾、鳝鱼、牡蛎等所有甲壳类食物不可食用；分蹄且反刍，因此牛、羊可食，猪、狗、马、骆驼、兔子等不可食用；而可食用的肉类也要经过特殊的处理方式才被认为是洁净的，即"礼定屠宰"，由专业礼定屠宰的人处理。此外，肉类不可与奶制品混合食用。在严格的犹太饮食法的规定下，许多食物被排除在犹太人的餐桌之外，大大减少了其菜单的多样性。与此同时，由于多种饮食限制，越来越多的犹太人成为素食主义者，在耶路撒冷乃至以色列，分布着许多素食主义餐厅。但并非所有犹太人都遵守饮食法，除极端正统派以外的许多犹太人并不严格遵守这个律法。在耶路撒冷，每逢安息日和其他犹太节日，便很难找到一个可以吃饭的地方。

九、从街道到历史

对于耶路撒冷来说，它的街道像是一扇门，通过这扇门可以了解到以色列丰富的遗产和辉煌的过去。街道是城市规划和人们的日常生活中不可或缺的一部分，耶路撒冷的街道总是充满了惊喜，且颇具特色。最特别的一点是这些街道常常以历史上有着杰出贡献或者特殊意义的人的名字来命名，每一条街道都蕴含着独特而又有趣的故事。

本-耶胡达大街可谓耶路撒冷最著名的街道，与雅法路以及乔治国王大街一起构建了耶路撒冷中央的三角商业区，这条街道集美食、购物和艺术中心于一身，有着悠久的历史，也是耶路撒冷最主要的街道之一，得名于"现代希伯来语之父"——埃利泽·本-耶胡达。耶胡达是活跃于早期的犹太复国主义领导者之一，他出生于沙皇俄国的正统派犹太家庭，自小便开始学习希伯来语和《圣经》，到12岁时，耶胡达已经阅读了大部分的犹太律法书，包括《托拉》《密西拿》《塔木德》等。13岁时，耶胡达被叔叔送到犹太经学院学习，当时的校长拉比约西·布洛伊克是哈斯卡拉（犹太启蒙运动）的秘密成员，他给这个天资聪颖的少年接触并且熟悉希伯来语语法（当时是被禁止学习的）和启蒙文学的机会。俄土战争期间，耶胡达萌生了犹太民族应该在其祖先的土地上实现复兴的念头，他认为犹太人与其他民族一样，应该拥有一块属于自己的历史性土地和一种历史性母语。为此，耶胡达决心前往以色列定居，复兴犹太人的民族语言——希伯来语。耶胡达是有先见性的，在许多人不能理解也不支持他复兴希伯来语的想法时，他近似疯狂地"坚持己见"。耶胡达要求家人用希伯来语交流，除希伯来语外，不说任何其他语言，而这一做法的影响是，耶胡达的孩子在学校没有朋友，因为其他孩子无法与之交流，而邻里也对这个只说希伯来语的奇怪邻居敬而远之。为了推动希伯来语的传播，耶胡达先后从事了希伯来语编辑、希伯来语教师等工作，甚至创建了一本希伯来语杂志，最后，耶胡达决定编纂一本希伯来语词典。1910年，历经艰难，耶胡达的《古今希伯来语大辞典》在多方的支持下逐卷出版；1922年，耶胡达逝世，他的妻子和儿子继续这一未竟的伟大事业；

1959 年，17 卷本的《古今希伯来语大辞典》问世。《辞典》的问世对于以色列来说意义非凡，语言是文化的载体，更是文化传承所必需的工具，对于犹太民族来说，希伯来语的复兴更是民族精神的重要体现。为了纪念耶胡达的伟大贡献，这条街道遂以他的名字命名。

尼西姆·贝哈尔街位于耶路撒冷的纳赫劳特社区，是耶路撒冷最丰富多彩的街道之一。古老的墙壁上涂着色彩艳丽的黄色、粉色和蓝色，现代特色与传统文化完美融合，又独具特色。尼西姆·贝哈尔是另一位对希伯来语复兴起到关键作用的人物，他是本 - 耶胡达的学生，被誉为"现代希伯来语教育之父"。贝哈尔从小就在语言研究方面展现出天赋。1848 年，贝哈尔出生于耶路撒冷，其父是拉比埃利泽·贝哈尔，因此他从小便接触了犹太律法。贝哈尔师从希伯来语教育家本 - 耶胡达，从耶胡达那里接受了现代希伯来语教育。1867 年，贝哈尔留学巴黎，完成学业后，进入以色列世界联盟工作，并且组织建立了耶路撒冷的以色列世界联盟，并教授希伯来语，他支持语言学习的"直接法"，认为语言学习应该是沉浸式学习法。1901 年，贝哈尔结束任教，搬到美国纽约，并创立全国自由移民联盟，这个组织在美国进行游说，主要反对移民法中以"识字"作为移民条件等内容。此外，贝哈尔还是犹太组织联合会以及犹太兄弟联盟的创始人。如果说耶胡达是在以色列地对希伯来语复兴做出巨大贡献的人，那么贝哈尔就是在流散地推动希伯来语传播的人，因此为纪念贝哈尔的贡献，耶路撒冷也以他的名字来命名一条街道。

莎乐美女王大街是为了纪念公元前 76 至公元前 67 年哈斯蒙尼王朝的莎乐美·亚历山德拉女王。莎乐美女王是古犹太王国仅有的两位女王之一，在位期间创下丰功伟绩。长久以来，莎乐美女王不为人所知，这主要是因为犹太经典对女性的忽略。然而，莎乐美女王的贡献足以使其成为《死海古卷》中所提到的 18 个人之一，且是唯一的女性。考古学家在杰里科的绿洲中发现了莎乐美时期的巨大宫殿，欧洲的犹太人早在公元 16 世纪就讲述了这位女王的勇敢事迹，犹太拉比们把莎乐美统治时期称为"黄金时代"。莎乐美女王所处的时代是古代近东的动乱时期，亦是一个关键时期——犹太独立时期。莎乐美女王的丈夫是哈斯蒙尼王朝的君主——亚历山大·詹尼乌斯，詹尼乌斯长期征战他方，当时整个国家内忧外患，国君一面要抵御外敌，一面要应对企图颠覆国家主权的不同势力，在詹尼乌斯在外征战期间，莎乐美王后开始了她的摄政生涯，这也为她日后成为这个国家的领导者奠定了基础。公元前 76 年，在外征战的詹尼乌斯病逝，莎乐美正式作为王统治国家。莎乐美无疑是十分具有政治才能的，这一点在她执政期间得到了证明。莎乐美曾进行数次宗教改革，塑造了我们所熟知的犹太教的耶稣时代。然而更具有历史意义的贡献是她解决了她的丈夫所没有解决的问题：两个犹太教派——法利赛人和撒都该人之间的争端。不同于丈夫詹尼乌斯的好战，莎乐美女王更乐于寻求和平，她在巩固犹地亚边界和城镇方面的成功使她获得了 "Shlomzion" 的称号，意为 "锡安的和平"。民间甚至有传言，在莎乐美统治时期，只有在安息日，犹地亚才会下雨，以免打扰居民在一周其他时间的工作。莎乐美是独立的犹太王国的最后一位君主，在犹太历史上意义非凡，她强大的智慧应该为人所知。现在的莎乐美女王大街是人们购物、游玩的好去处，不仅拥有众多美食，更是传统多元文化的融合。沿着大街前行，游客不仅可以看到法国咖啡馆、墨西哥餐厅、汉堡店，更能看到出售多种语言文学作品的书店。莎乐美女王已经停留在历史的书页里，但可以肯定的是，若莎乐美女王穿越时空，走在今天的大街上，她一定会感到自豪，因为哈斯蒙尼王朝时期不同文化群体的冲突，在现代得到了和谐的共处。

迈蒙尼德大道以中世纪最伟大的犹太哲学家、杰出的天文学家和医生迈蒙尼德的名字命名。迈蒙尼德在犹太律法的编纂方面发挥了巨大作用，他撰写的 14 卷本的《密西拿托拉》，对中世纪犹太人所要遵循的所有律法进行了解释。他的《迷途指津》是其哲学观点的主要表达，这本书探索了拉比犹太教与理性主义之间具有交叉点的神学文本，因而受到犹太人和穆斯林团体的关注，可以说，迈蒙尼德的著作为后世犹太学术奠定了基石。

迈蒙尼德大道的地理位置非常重要，因为它与总理官邸相接，所以那些政治上的 "大人物" 在这条街道经常出现。此外，这条街道以欧式风格为主，列维·埃什科尔游客中心坐落于这条街道，该中心曾是以色列前总理列维·埃什科尔的住所，目前是以色列国最古老的艺术画廊。列维·埃什科尔是以色列第一个基布兹、哈加纳国防军和以色列工会的创始人之一，推动了以色列水运系统的建立，对解决以色列水资源匮乏具有十分重要的意义。埃什科尔中心建立于 1933 年，当时在巴勒斯坦的英国民政部门担任高级职务、有着犹太复国主义背景的英国犹太裔上尉朱利叶斯·耶胡达·雅各布斯下令建造这栋建筑，由英国俄裔建筑师本杰明·柴金设计。

贝鲁利亚大街的独特之处在于这是一条少见的、以犹太律法中的女性人物命名的街道。尽管《巴比伦塔木德》以及其他的一些古代文本曾多次提及贝鲁利亚，但是关于此人是否是虚构人物的争论一直存在。《塔木德》中描绘的贝鲁利亚是一位自幼就表现出极大智慧和天赋的人，书里讲述了她如何每天研究 300 个犹太律法题目，甚至她所处时代的一些圣贤也要经常咨询她问题。犹太律法中贝鲁利亚比她的兄弟更加聪明，这是《塔木德》建构的父权结构中十分罕见的描述，但这也恰恰证明了贝鲁利亚的特别之处。这条街道的命名所折射的是现代以色列在男女平等问题上试图保持相对平衡的理念，是其民主性的反映。

苏丹苏莱曼街以奥斯曼帝国的君主苏莱曼的名字命名。若从耶路撒冷的某一高处俯视苏丹苏莱曼大街，这条街道似乎平平无奇。然而这条位于耶路撒冷老城穆斯林区、穿越了历史长河的街道，其背后所蕴含的意义是深远的。为了纪念 1520 年到 1566 年期间统治奥斯曼帝国的苏丹苏莱曼，赞扬他统治期间伟大的军事和文化成就，以色列人将这条街道冠以他的名字。苏莱曼统治期间，通过与包括波斯、希腊和埃及在内的邻国进行频繁的战争，扩大了帝国的边界。在国内，苏莱曼也取得了令人瞩目的进步，包括修建清真寺、渡槽、桥梁以及建造和装饰其他一些基础设施，具有十分重要的文化意义。目前，该街道是那一区域最大、最繁华的街道，拥有迷人的棕榈广场和许多历史古迹。2017 年 6 月，为纪念战争中阵亡的以色列女兵，一群定居者在以色列警察和"边防卫队"的伴随下，将苏丹苏莱曼街更名为巴塔拉特街，并用希伯来语、阿拉伯语和英语的新名牌取代原来的名牌。

　　耶路撒冷意义深远的街道有很多，除了上文所提到的，还有以犹太历史上的七位女先知之一的胡达尔的名字命名的胡达尔大街、以穆斯林心中的英雄萨拉丁的名字命名的萨拉丁街道、以中世纪最重要的《圣经》评注家之一的亚伯拉罕·伊本·以斯拉的名字命名的伊本·以斯拉街以及以撰写了《本杰明行纪》的12世纪西班牙旅行家本杰明·图德拉的名字命名的本杰明·图德拉街等。如果去耶路撒冷，一定不能错过这些街道背后的故事。这些故事展示了一个跨越了时间和空间的犹太史和巴勒斯坦地区史，是耶路撒冷这座城市精神文化的一个切面。

永不停歇：白色的特拉维夫

如果说耶路撒冷是以色列的精神中心，那么特拉维夫就是以色列的经济中心。作为现代以色列的代表性城市，特拉维夫是以色列的第二大城市。作为当今以色列最大的金融、商业和文化中心，特拉维夫虽然不是以色列的首都，但却被认为是以色列最吸引人的城市。2021年，在英媒《Time Out》杂志"全球37个最佳城市"的评选中，特拉维夫从世界各地数百个城市中脱颖而出，在饮食、有趣度和文化等方面排名第八，并连续两年当选"最有趣"的城市，有81%的受访者认为特拉维夫"非常有趣"。在饮食维度的评选中排名第二，仅次于上海。与此同时，据《经济学人》对"生活成本指数"的调查，特拉维夫已超越巴黎及新加坡，成为全球生活成本最高的城市，比阿联酋、法国、德国、美国、卢森堡等国的主要城市还要高出不少。

特拉维夫是当今以色列的经济中心、商业中心、金融中心、文化中心。不过，最初的特拉维夫只是一个由古城"孕育"出来的新城区。20世纪初，随着犹太移民的增多，雅法古城无法再容纳更多的人，于是几个来自东欧的犹太移民决定在雅法以外的不远处建立一个新的定居点，这一定居点便是特拉维夫的前身。犹太移民将流散地的城市构建理念注入新地点，借用欧洲流行的"田园城市"理念和包豪斯建筑风格，将特拉维夫打造为一座"以人为本"的现代化都市。包豪斯的建筑风格使特拉维夫颇具特色，因这种建筑的灰白色外表，特拉维夫又被称作"白城"，城内的包豪斯建筑群则被列为世界文化遗产。特拉维夫是一座纯粹由 20 世纪犹太移民打造的城市，因此被称为"第一座希伯来城市"，居民以犹太人为主。今天的特拉维夫仍是犹太移民的主要选择地，是犹太人的回归之都。特拉维夫还是以色列文化、艺术、音乐中心，有众多的博物馆、艺术中心、科学研究机构。特拉维夫是以色列的创业就业之都，职工总数占全国总数的 25%，拥有全国半数以上的工厂，占国民生产总值的 16.7%，使其在以色列经济中占据主导地位。21 世纪以来，特拉维夫的经济发展呈现后工业化、面向全球的特征。该市是以色列的金融和商业中心，拥有全国 40% 的银行、保险等金融业相关工作岗位，且几乎是所有以色列银行和保险公司的总部所在，也是以色列唯一的证券交易所的所在地。

特拉维夫是一座非常具有活力和包容性的城市，被《纽约时报》称为"地中海酷都"。特拉维夫是以色列人创业的最佳地点，这里集聚了全国最多的科技创新公司，对于有理想的人来说，特拉维夫是实现创业梦想的摇篮。城里有非常多的咖啡馆和酒吧，几乎 24 小时营业，因此有人说"特拉维夫是一座不夜城"。就像最初不同背景的犹太移民在这片土地和谐地生活在一起一样，特拉维夫是自由和包容的象征，是以色列移民精神的象征。这座城市拥有独特且多元的文化，地中海风情与世界文化在这里完美融合，宗教与现代生活也在这里相得益彰，处处充满了时代活力。

一、以色列的"双城记"

特拉维夫全称"特拉维夫 – 雅法"（简称"特拉维夫"），包括老城雅法和新城特拉维夫两个部分。该市位于以色列西海岸中部，濒临东地中海，距离西南方向的耶路撒冷约 60 千米。全市面积约为 52 平方千米，2021 年，全市人口约为 426 万，人口增长率为 1.97%，总人口仅次于耶路撒冷。虽然本书将特拉维夫写在前面，但实际上，先有的城市是雅法，尽管新城与旧城合成一座城市，但这两个部分有着巨大差异，因而形成了非常独特的"二元并列"式城市模式。

1. 雅法古城

雅法是一座有着四千年历史的港口城市，也是世界上现存最古老的城市之一。根据《圣经》，在毁灭万物的大洪水退去以后，幸免于难的挪亚的儿子雅弗建造了这座城市，人们以他的名字命名这座城市，后读音逐渐演变为雅法，意为"美丽"或者"闪着白色光辉的地方"。雅法港面朝地中海，站在雅法高处，可以欣赏到美丽的海岸线与沙滩。2003 年，雅法老城被联合国教科文组织列入世界文化遗产名录。

据考古学家发现，至少在公元前 18 世纪，雅法已经是一座军事港口，并且还是巴勒斯坦与地中海的唯一交通点。由于地理位置优越，历史上，雅法曾是兵家必争之地，多次被不同的势力占领。公元前 15 世纪，雅法曾被埃及法老图特摩斯三世的将军图提征服，并在埃及新王国时期成为省会。随后，古以色列国的大卫王和所罗门王统治了雅法，当时，所罗门王正在建造圣殿，需要大量木头，而巴勒斯坦地区无法满足此需求，因此所罗门王从黎巴嫩购买木材，这些木材经地中海漂流而来，在雅法港登陆，雅法由此作为"Joppa"声名鹊起。

罗马统治时期，人们在北部海边建造了一座更大的罗马式新港口——凯撒利亚港，导致雅法几乎被取代。凯撒利亚是一座更为优越的人工港口和港口城市，与之相比，雅法在诸多方面都不够完善，因此很快走向衰落。1126 年，十字军东征期间，雅法被占领，并一直处于十字军的控制之下。随后的 100 年间，雅法被不同势力轮流占领，最终于 1345 年，受新十字军东征的影响，被埃及马穆鲁克夷为平地。17 世纪末，在奥斯曼帝国统治下，雅法再次发展为一座海港。

19 世纪，雅法从一个小镇发展为该地区最重要的海港，也成为仅次于耶路撒冷的第二大城市。当时，雅法已经成为犹太朝圣者和移民进入巴勒斯坦地区的主要门户，而该地区农业发展繁盛，尤其是柑橘种植，当地农民培育出了一种新橙子，后来成为以色列主要的出口水果——雅法橙。随着犹太复国主义运动的移民浪潮，雅法逐渐成为移民的文化和教育中心，并且依靠雅法古城，犹太移民建立了特拉维夫新城。

雅法老城远眺　秦吉 摄

　　长久以来，雅法一直被视为阿拉伯人的聚集区。历史上，很长一段时间里，雅法都没有犹太人居住，直到1820年，才有少数犹太人回归。到1867年，雅法人口仅5000，其中犹太人约800人。随着19世纪犹太移民的增加，雅法的人口结构逐渐被改变，犹太人取代阿拉伯人成为该城人口的大多数，但犹太人口的增多并未改变这座城市浓厚的阿拉伯文化气息。现在，城内随处可见古老的清真寺和宣礼塔，空气中弥漫着各式烧烤的烟熏味，橱窗玻璃上映着戴白色塔基亚（穆斯林的一种传统帽子，颜色没有规定）的阿拉伯厨师忙碌的身影，街边的小店售卖穆斯林风格的头巾、披肩和各式传统服装。在雅法城的北边入口处，有一座有着绿色圆顶的钟楼。这座钟楼建于1903年，是当地居民为纪念苏丹阿卜杜勒·哈米德二世在位25周年而建，当时苏丹的臣民几乎没有表，这座钟楼对当时居民的生活有着很大的作用，是奥斯曼帝国统治下的巴勒斯坦地区建造的7座钟楼之一。

　　雅法是一座有着深厚历史感的小城。这里还保存着千年前的建筑遗址，今天，这些地方已经成为旅游景点，借助高科技，人们依然能够领略到壮阔的历史。雅法港口虽然早已被废弃，但这里是世界上最

濒临地中海的雅法　王敏　摄

古老的港口之一。现在，这里不仅是以色列雅法橙的主要产地，还成了一个娱乐场所，港口遗址上有几家酒吧、商店、餐馆以及剧团，夏季这里十分热闹。雅法老城的游客中心也被称为"雅法故事"，这里是一个古希腊和古罗马时期的遗址的考古发掘现场，借助虚拟体验，人们可以了解雅法几千年的历史。与十字军东征相关的是现在的圣伯多禄教堂，这座奶油色的方济各会教堂是雅法最著名的建筑，建于1654年，曾两次被毁，现在的建筑于19世纪90年代建于十字军堡垒的遗址之上，如今仍被使用，这里也是城内为数不多可以在圣诞节前后找到巨大的圣诞树的地方。许多雅法的历史遗址已经被重新利用，颇有一种枯木逢春的感觉。

雅法是一座被艺术环绕的现代古城。雅法老城的巷子里随处可见用天然石块砌成的老房子，这是典型的罗马风格。棋格状的街道以星座命名，这与耶路撒冷以名人命名大不一样，所有的门牌都画着蓝色的星座图案，窗户也是蓝的，这种风俗源于一个传说：当地人认为，窗子与大海的颜色相同可以迷惑海上的妖怪，从而起到辟邪的作用。而各家各户的窗户也十分有意思，有的镶着木雕，有的是用五彩的玻璃制成，还有一些非常有创意的人，在旧鞋子里栽种植物，看似无意，却又使这座老城充满艺术的韵味。雅法的老街也有各自的风格，复古的、新潮的，有些老街上遍布画廊、工作室和饰品店，散发浓厚的艺术气息。非常新潮的艺术家在街上的咖啡店前懒洋洋地坐着，拿着一杯咖啡，似乎正在思考着什么。

雅法老城街道的表演者　王敏　摄

说到艺术，就不能不提伊拉娜·古尔博物馆，这是一家私人博物馆，位于一座18世纪的石头建筑里。这座矗立在雅法古城海边的建筑本身就是一座瑰宝，博物馆的墙壁上记录着280多年前至今的各种历史大事件。起初，这里是到雅法的犹太朝圣者的旅社，后几经流转，成为一家肥皂和香水厂。20世纪90年代，以色列艺术家伊拉娜购买了这座建筑，并把自己收藏的艺术品陈列其中，从绘画、雕塑、摄影、部落艺术、古董、图书到影像资料，内容丰富。漫步在这座古老的建筑中，人们不仅能够深切地感知历史的力量，又好像神游于艺术的深邃海洋。

仿佛穿越时空一般，雅法这座有着古老文明的小城从历史中走来，

伊拉娜·古尔博物馆　王敏　摄

深厚的历史底蕴与现代艺术互为表里，勾勒出一幅浪漫又典雅、热情又稳重的独特画作。正是雅法数百年来的积淀，为特拉维夫的发展提供了养分。19 世纪末，由雅法衍生出两个小的新定居点尼维泽德克和尼夫沙洛姆，后者日后成长为今特拉维夫新城。

【关于雅法的传说】

在希腊神话中，雅法是埃塞俄比亚王国公主安德洛墨达被锁的地方。安德洛墨达是埃塞俄比亚国王刻普斯的女儿，因母亲卡西俄珀亚王后吹嘘女儿比海神波塞冬之妻安菲特里忒更美，惹怒了安菲特里忒。为安抚安菲特里忒，波塞冬命令海妖刻托惩罚埃塞俄比亚。刻普斯大为震惊，祈求神谕，神谕显示唯一能够拯救王国的办法是献祭安德洛墨达。刻普斯只好将安德洛墨达锁在海边的一座礁石上，以示接受神的惩罚，这座礁石所在的位置就是雅法。幸运的是，不久，宙斯之子珀耳修斯恰好途经此处，不忍安德洛墨达受苦，便解救了她，并与安德洛墨达成婚，繁衍后代。

【知识扩展】凯撒利亚港

凯撒利亚是一座修建于罗马帝国时期的典型罗马风格港口，于今以色列海法以南的地中海沿岸，曾经是罗马时代的港口和行政城市，今天虽已不再承担港口的作用，但留下了罗马时期的建筑遗址，是人们了解罗马文化的好去处。最初，这座港口所在的地方是一个古老的腓尼基人定居点，名为"斯特拉顿塔"。公元前 22 至公元前 10 年，希律王重建并扩建了这个港口，为向罗马凯撒奥古斯都示好，感谢他对修建工程的资助，遂以凯撒利亚命名，意为"罗马皇帝之城"。此时的凯撒利亚已经是地中海东岸最重要的贸易都市之一。

凯撒利亚遗址有一片庞大的希腊罗马风格建筑群，保留着马赛克铺的地砖、厚实的砖石墙、半圆形拱券、逐层挑出的门框装饰和交叉拱顶结构，港内还有古罗马剧场、公共浴室和残破的雕塑。尽管这座港口后来没落，但当年的辉煌依稀可见。

凯撒利亚港全貌　徐新　提供

凯撒利亚港典型的罗马风格交叉拱顶结构　王慧　提供

凯撒利亚港港口马赛克拼图地面　王慧　提供

2. 特拉维夫新城

20世纪初，随着犹太移民的增加，一个新的犹太群体在巴勒斯坦出现了。犹太人成立了一个名称为"伊休夫"的组织，这一组织逐渐作为"影子政府"在犹太移民组成的社会中发挥作用。新的社会有条不紊地发展着，吸引了越来越多的犹太移民。此时的雅法由于人口过多而无法负荷更多的移民。1906年，60个来自东欧基什尼奥夫和敖德萨的犹太家庭在雅法聚集，他们在梅厄·迪森高夫等犹太复国主义先驱的带领下，制定了建造一座全新犹太人城市的计划。

特拉维夫的创建者们主要是中产阶级移民，是东欧大城市里的居民。在这些犹太先驱的蓝图中，他们希望打造一个欧洲风格的城市，拥有笔直的街道和宽阔的公园，以及成熟的现代城市的基础设施和服务。先驱们以英国"花园城市"的设计理念为模型，通过购买土地的方式，从1909年开始，犹太移民们在雅法附近荒凉的沙滩上开始创建一座全新的犹太小城，并将其命名为特拉维夫，意为"春天的小丘"。不久后它就成了巴勒斯坦地区犹太人最多的城市。

【知识扩展】

特拉维夫之名取自"犹太复国主义之父"西奥多·赫茨尔的乌托邦小说《新故土》。1902年，纳胡姆·索科洛夫将该书名用希伯来语译为"Tel Aviv"，"tel"意为山丘或者小沙丘，19世纪末的考古学家也用这个词来定义那些非居住区形成的残垣废墟；"Aviv"在希伯来语中的意思是"春天"，意味着"新生"。在犹太移民先驱们看来，这座小城就是一座"期待着下一个春天的废墟"，正是赫茨尔所说的"新故土"。而在《圣经》《以西结书》（第三章第十五节）中，特拉维夫作为犹太人流散到巴比伦的定居点出现，"我就来到提勒亚毕（Telabia），住在迦巴鲁河边被掳的人那里，到他们所住的地方，在他们中间忧忧闷闷地坐了七日"，这里的提勒亚毕意为"五谷之山"，是古巴比伦迦巴鲁河边的一个村落，有河水灌溉之利，这里正是特拉维夫所在的地方。

一战期间，特拉维夫的发展基本停滞。1917 年，因为怀疑犹太人与英国军队有联系，奥斯曼当局驱逐了特拉维夫和雅法所有的犹太人。同年，在英国人占领了雅法和特拉维夫后，这些犹太人得以在年底返回家园。英国托管期间，数次阿利亚运动给巴勒斯坦地区带来大量的犹太人。大量的移民导致人口快速增长，也带来了建筑业的繁荣。其中，来自波兰和德国的较富裕的中产阶级犹太移民尤为突出。大量的犹太移民也导致阿拉伯人和犹太人之间的暴力冲突不断加剧。20 世纪 20 至 30 年代，阿拉伯群体中爆发了数次严重的反犹活动。雅法的犹太人遭到阿拉伯人的袭击，数千名犹太人因而选择前往特拉维夫，并带走了大多数的犹太产业。1921 年，特拉维夫被授予乡镇地位，1934 年，获得市政地位，迪岑哥夫成为该市第一任市长。

特拉维夫是巴勒斯坦地区出现的第一个完全由犹太人建造和管理的城市。20 世纪 20 至 30 年代，该地区对犹太移民有着巨大的吸引力。正是这一时期，特拉维夫得到了快速的发展，跃升为巴勒斯坦地区犹太人的经济、文化、政治和军事中心。从 20 世纪 20 年代后期起，犹太移民呈现一种向城市聚集的趋势，四分之三的人口都居住在城市里。20 世纪 30 年代初，第一个贸易展览会在这里召开。1933 年，该市的人口超过了作为当时阿拉伯人的经济中心且拥有巴勒斯坦地区最大的阿拉伯社区之一的雅法。20 世纪 30 年代末，特拉维夫的人口增长到近 15 万人，被称为"世界上唯一的纯犹太人城市"，成为当时巴勒斯坦地区最大和最重要的城市。

以色列建国后，特拉维夫迎来了繁荣发展期。1950 年，特拉维夫与雅法合并，被正式称为"特拉维夫－雅法"。根据联合国 1947 年关于巴勒斯坦地区分治的决议，雅法本应继续成为犹太人国家内的一块阿拉伯飞地。然而，1948 年 5 月，在以色列宣布独立和阿以战争开始的前几天，犹太军队哈加纳和伊尔贡抢先控制了雅法，致使以阿拉伯人为主的约 6.5 万名居民逃离，犹太移民则进入这个被当地居民遗弃的城市，并定居下来。此后，新特拉维夫的城市边界进一步扩大，兼并周边的一些阿拉伯村庄和犹太社区。当周边没有土地可被融合后，特拉维夫仍在继续发展，那些安置移民的公共建设项目被转移到城市外的价格便宜的土地上。1965 年，阿什杜德港口落成，逐渐取代了雅法和特拉维夫的港口功能。1974 年到 1993 年，什洛莫·拉哈特担任特拉维夫市的市长，为了提升该市的形象和生活质量，拉哈特市长启动了大规模的城市发展项目。

20 世纪 90 年代，特拉维夫经历了经济结构调整，焕发新的生机。当时苏联移民和外国工人不断涌入，整个以色列经济得以恢复并快速发展。受益于整体良好的发展氛围，特拉维夫不仅成为外国投资者在以色列的投资中心，也成为房地产和高科技初创企业的最佳选择。

然而，由于特拉维夫对以色列的重要意义，该市也屡次遭到阿以冲突所造成的紧张局势的威胁，包括波斯湾战争期间伊拉克的导弹袭击（造成的恐慌多于损失）、加沙地带数次的火箭弹袭击（2012 年、2014 年和 2021 年），以及《奥斯陆协议》崩溃所导致的一系列恐怖袭击（1996 年、2001 年、2003 年和 2006 年），这些冲突在一定程度上导致该市在 21 世纪初经济下滑，全球高科技产业危机又进一步加剧了这一局面。但是，特拉维夫自身所蕴含的活力和生命力，使得该市的经济很快便能恢复。

1948 年以色列建国时，特拉维夫成为事实上的国家首都（新城）。尽管 1950 年，以色列宣布迁都耶路撒冷，但由于未得到联合国和广大国际社会的承认，绝大多数同以色列建立外交关系的国家仍把大使馆设在特拉维夫。特拉维夫下设大约 70 个地方政治机构，由于其强大的经济和政治辐射力，形成了以特拉维夫新城为核心的特拉维夫都市区，带动周边卫星城市的发展，而这些郊区城市又过来进一步推动特拉维夫的繁荣。

二、田园城市的构建

特拉维夫的城市发展理念最初源于"特拉维夫之父"——西奥多·赫茨尔的《新故土》。1902 年，赫茨尔出版了这本畅想在巴勒斯坦地区建立一个现代犹太人乌托邦的书，在这本书里，他将这片土地描绘成荒地和沙漠，有意忽略了这里的阿拉伯建筑。赫茨尔这样做的原因是使人们形成一个意识——犹太人的城市和建筑都是建立在荒地和沙漠上的，从而消除犹太移民意识中巴勒斯坦地区阿拉伯建筑的存在，避免可能产生的罪恶感，也减少国际社会对锡安主义者在巴勒斯坦地区推进事业的负面印象，更有利于推进犹太复国主义计划。

赫茨尔的乌托邦之梦对犹太移民们产生了深远的影响。20世纪初，受《新故土》影响的犹太新移民怀揣建立一座现代化希伯来城市的梦想来到了雅法。彼时，关于城市建造的问题还有很多不同的意见，是建造一个简单的居住区还是建造一个真正的新城市？阿基瓦·阿里·魏斯是最先对这个问题做出回答的人。他认为，在创建犹太国家的道路上，光靠建设农业殖民地或城市周边新区是不够的，一定要在巴勒斯坦地区建设一座欧洲式的、犹太人自己的城市。阿基瓦说道，"如果纽约是美洲港口的话，第一座希伯来城市将开辟通往以色列大地现代世界之门"。

但建一座新城并非易事，尤其是在当时特殊的政治环境下。1917年，英国从奥斯曼帝国手中夺得雅法的控制权。从1920年到1948年，该地区一直处于英国的托管之下。托管时期，雅法及未来的特拉维夫地区存在英国人与犹太复国主义者两种力量，但该地居民最多的是阿拉伯人，三者之间紧张对立又相互妥协，在特拉维夫的发展中烙下独特印记。犹太先驱达成共识，要建一座能领土自治、体现犹太民族精神又能彰显现代化特征的城市。

怎样才能实现这三个要素呢？首先是要与已有的阿拉伯社区保持一定的距离。这样既能使两个民族之间保持一定的和平，也能更好地建设一个全新的城市，不受遗留的阿拉伯建筑的影响。在雅法城人口足够多，也非常拥挤后，一些犹太移民在雅法城外的东北部建立了一些犹太街区，其中一个叫巴依特的自治街区成了特拉维夫的起步区，它是唯一完全脱离母城的自治街区。在新城市的建设中，犹太宗教因素被纳入重要的考虑范畴。公共建筑是能够体现宗教生活的最重要因素。建筑师们致力于打造一种"希伯来爱国主义"风格，而混合了阿拉伯建筑元素和军事建筑元素的赫茨尔希伯来高中正是这种精神的代表之一。

作为典型的中东古城，雅法在 19 世纪时街道十分狭窄、肮脏，住房很小且拥挤不堪，并且缺乏供水系统，卫生条件差且异常嘈杂。许多来自欧洲的犹太移民望而却步。在特拉维夫的营建中，建造具有良好卫生条件的住宅成了头等大事，这不仅是为了改善居民的生活水平，更重要的是能够吸收更多的优秀人才，打消犹太移民对狭窄的街区道路和肮脏鄙陋的房屋的畏惧。在犹太移民的理想中，新城市要有发达的交通、宽阔的道路、欧洲风格的住房、条件优越的浴室以及通畅的排水系统。特拉维夫的建造者在城市空间中大规模增加了公园和公共花园的比重，住房仅占整个地块面积的 30%，这代表着绿色城市空间的新路径。

【知识扩展】"田园城市"理念

1902 年，英国著名思想家埃比尼泽·霍华德出版了影响深远的《明日的田园城市》，成为"田园城市"理念的开创者。霍华德主要是针对 19 世纪欧洲工业化和城市化高速发展所带来的一系列社会问题，例如大量农业人口涌入城市导致居住条件急剧恶化、贫民窟大量出现、环境污染严重和卫生条件糟糕，进而滋生许多疾病、贫困和犯罪等问题。为此他提出著名的"三磁铁"理论，认为城市和乡村是两大吸引力的来源，各有其优点和缺点，它们都无法提供充分和健康的生活。霍华德构想的"田园城市"规划原则包括：将大片区域划为开放公园和私人花园；限制分配给私人建筑的区域；将商业区和居住区分开；充分考虑舒适、自然、审美、卫生等因素。霍华德把田园城市视为"通向真正改革的和平道路"，认为城市和乡村的"愉快结合"代表着一种完全不同的生活方式，从中"将诞生新的希望、新的生活以及新的文明"。

最终决定特拉维夫建设命运的是风景设计师兼城市规划师帕特里克·盖迪斯。盖迪斯曾为耶路撒冷市和希伯来大学的建设绘制蓝图。与此前为特拉维夫建设提出方案的设计师里奥·申菲尔德和理查德·考夫曼不同，盖迪斯将目光放在现有城市和已购置土地以外，提出将城市长远发展预期纳入规划之中。1925年，特拉维夫市长迪岑哥夫在希伯来大学的落成典礼上邀请盖迪斯来制定城市规划。盖迪斯立即着手构思方案，他认为城市建造必须考虑土地因素，他还重视与已有用地的结合，将新购置的土地以巧妙的方式融入城市规划布局。更重要的是，盖迪斯将"以人为本"的原则融入城市建设当中，他强调，要将特拉维夫建设为一座到处都是蔬果的田园城市，建筑要体现犹太风格。盖迪斯设计的方案最终在1927年通过，并在20世纪30年代于特拉维夫的中部和北部地区得到了实施，最终确定特拉维夫绝大部分的城市空间结构。"田园城市"成为贯穿特拉维夫早期城市规划理念的核心，特拉维夫也是世界上第一批将"田园城市"理念付诸实践的成功范例之一。

三、一座白城

与特拉维夫"田园城市"的理念互为表里的是其建筑特色。作为一座现代化都市，特拉维夫没有明显的自然特色，历史上也不因建筑而闻名。然而，当人们说起今天的特拉维夫时，总是会谈论它的包豪斯建筑风格，特拉维夫甚至由此得名"白城"（the white city）。2003年，联合国教科文组织将特拉维夫的"白城"列为世界文化遗产地，这一举措更让白城名声大噪，吸引人们前往。

"白城"作为一种建筑风格最早出现的历史可以追溯到20世纪的德国，是一种大众现代主义住宅样式。包豪斯的现代主义建筑理念颠覆了传统的样式。它以功能性设计为核心，利用崭新的材料打造最为舒适和明快的建筑。希特勒在德国上台后，越来越多的德国犹太人为逃避纳粹迫害而涌进特拉维夫。这些来自德国的犹太移民不仅带来了先进的技艺和商业理念，更为特拉维夫的城市建造注入了新的建筑理念——包豪斯风格。许多著名的艺术家和建筑师都是这时期的流亡者，如阿里耶·沙龙、理查德·考夫曼和埃里希·门德尔松，他们正是对白城的建设产生深远影响的人。与此同时，根据纳粹政策规定，犹太移民们无法带走任何金钱，但被允许购物。也许是意识到房子是他们到达巴勒斯坦地所必须的，部分犹太人购买了大量的瓷砖，运送至特拉维夫。这些从德国带来的建筑材料，包括瓷砖、门、窗等，后来都融入包豪斯建筑之中。

实际上，包豪斯风格并非移民们最初的选择。特拉维夫的设计先驱们早期首选的建筑风格是一种带有东方主义特色的新古典主义风格。总设计师盖迪斯同意以这种建筑风格来设计特拉维夫城，认为它不仅适合当地的气候，也与景观相协调。围绕到底要在特拉维夫采用什么建筑风格的问题，社会各界争论不休。许多建筑师和评论家认为这种新古典主义建筑风格源自欧洲，用欧洲大陆的遗留风格来建设新社会是不合适的。然而，尽管否定了这种欧洲风格，却没人能提出令人满意的解决方案。建筑师们试图通过在建筑中融入东方元素，或用当地的设计元素去改造这种新古典风格，但都未能成功。几乎与此同时，包豪斯建筑风靡德国，而犹太人正是这一运动风潮的引领者。从纳粹迫害下逃生的新一波德国犹太移民带来了在德国、法国和比利时接受过教育的建筑师，并且带来了现代建筑运动思想——包豪斯。这种风格在欧洲具有革命性影响，其美学根源为地中海建筑的简单几何形式，并且被认为是与进步主义联系在一起的。

包豪斯风格作为一种"舶来品"，在特拉维夫得到了最大程度的接受和发扬。整个都市街区的典型建筑均为三层或者四层的公寓：方正平顶，结构轻巧，线条明晰，墙面多，但窗户小，由混凝土和水泥砖砌成，外表涂有灰泥，正面往往有开阔的阳台，并且往往有一小块绿地或停车场。一方面，这种风格与特拉维夫的总体建造理念——打造一座现代且世俗的城市完美契合，它摒弃了传统建筑考究的设计细节和华丽的装饰，以简洁的线条呈现，突出现代化的特点。另一方面，包豪斯建筑颇具实用性，很大程度上消解了以色列夏季的气候带来的酷热感。白色的外立面弱化了地中海灼热的阳光，开口不大的方窗使得室内可以保持阴凉，进而减少空调的能耗，而开放式的大阳台不仅可以让人们能在清晨呼吸大海的气息，也更易于通风，骑楼的设计则为邻里间沟通和交流提供了可能，更为人们在傍晚时分在楼下乘凉提供了地方。

　　开放式阳台所能发挥的作用是最初的建造者所没有料想到的。在岁月的流逝中，移民们形成了自己的包豪斯居住风格：一片可以共享的地方。屋顶属于公寓楼里的每个人，这里可供晾晒衣物，在凉爽的夏夜更是举办派对的优选之所。开放式阳台不仅适应了当地气候，还便于邻里间进行交流，更是一些移民所带来的社会主义意识形态的反映——他们想要在这里创造一个公平分配财富的新社会，每个人都有权在其生活环境中享受充足的光线和空气。人是一切的焦点，空间越大就越舒服。

　　整个特拉维夫有超过 4000 座包豪斯建筑。最初的包豪斯建筑主要集中在特拉维夫市，南到艾伦比街、东到贝京路和伊本·格维罗尔街、北到雅孔河、西到地中海的空间内。建筑群由三个独立的区域组成——中心区、列夫海尔和罗斯柴尔德大道，以及被公共缓冲区包围的比亚利克区。随着时间流逝，大量的包豪斯建筑受自然环境和人们居住消耗的影响，遭到不同程度的损害。炎热的天气和废气排放使得一些建筑的外墙被严重毁坏，而室外装修（如大量空调装置）使建筑外观凌乱不堪，许多建筑的阳台被迫关闭，失去了原来的作用。与城市中心区包豪斯建筑的损坏几乎相随的是白城周围高层建筑的修建。20 世纪 60 年代开始，许多高级商业中心和住宅不断兴建，转移了特拉维夫的商业和居住中心，此前的商业中心衰落，新的包豪斯建筑也在中心区以外的地方被建造。如果说老一些的包豪斯建筑在比亚利克、罗斯柴尔德和艾伦比大街随处可见，那么新式的包豪斯建筑则集中于特拉维夫的卫星城拉马特甘。

　　经过几十年的风吹雨打，很多包豪斯建筑已经成了危房，修缮和保护这些文化遗产迫在眉睫。长期以来，人们并没有保护建筑的意识，随着商业建筑的不断兴建，过去的白城遭到了极大的破坏。20 世纪 80 年代，以色列政府意识到一些老建筑急需修缮和维护，于是批准对个别的重要建筑进行保护。首先是对雅法古城建筑的保护。雅法古城于 1936 年阿拉伯起义时被英国人严重破坏，1948 年成为贫困移民的居住区，60 年代又被改造为“艺术家的聚居区”，许多重要建筑遭到破坏。以色列政府把老城作为一个特殊的区域，由当地市政府管理并进行修缮，现在已经成为游客们的热门打卡点之一。1981 年，以色列政府又开展了第二个保护计划，针对内夫泽德克区（此地区最初是雅法老城的一个上层阶级社区，但后来这里的包豪斯建筑受损），以色列政府批准对该区域以现代主义的思路进行拆除和重建。但这些都是局部性的建筑保护，对"白城"以及整个特拉维夫市建筑保护的关注远远不够。

到 21 世纪，以色列政府才开始进行大规模的"白城"保护和修缮工作。2003 年，特拉维夫"白城"被列入世界文化遗产，更让以色列政府意识到保护"白城"的重要性。实际上，"白城"的保护计划早在 2002 年已经提交，历经六年，于 2008 年才获得批准。包豪斯建筑群的保护工作任重道远，由于列入保护目录的大约 1000 座建筑中大部分是私人所有的，因此在进行保护时不可避免会存在阻碍。为支持这项保护计划，以色列政府实施了一项允许更变建筑所有权的政策来解决这一问题。目前，保护计划颇具成效，游览"白城"已经成为特拉维夫旅游业的热点之一。几家大型旅游公司开展了关于包豪斯建

包豪斯风格建筑　王慧　提供

筑的旅游项目，主要为"白城徒步之旅"，导游会细致讲解关于"白城"建设的历史、地理、社会和建筑环境等内容。此外，一些"白城"的周边产品也相继出版，例如，游客若想要了解和包豪斯建筑修建相关的内容，则可以阅读特拉维夫包豪斯中心出版的《特拉维夫包豪斯和国际风格建筑的保护和更新》一书，《特拉维夫保存地图》则给读者提供了更加直观了解白城建筑的体验。

白城内有两条著名的道路。其一是罗斯柴尔德大街，这是特拉维夫最早设计为公共空间的街道之一。这条大道非常适合漫步，带有一个中央花园。罗斯柴尔德大街的下段坐落着很多包豪斯风格的建筑和豪华的新摩天大楼。此外，这里还拥有该市许多最前沿的艺术画廊。许多特拉维夫人会选择在这里与朋友聚会，或者欣赏充满社交趣味的街景。其二是申金街，这条大街被许多以色列人视为特拉维夫的象征，是特拉维夫最著名和热闹的街道之一。其最具吸引力的元素大概是诞生于这里的现代化、多元化以及创新性的时尚设计理念。20 世纪 80 年代，许多别具一格的音乐、戏剧和舞蹈团体都来自申金街。许多咖啡馆和古老的精品店坐落在这条街上，且价格相对低廉，堪称购物天堂。这里还因为临近著名的卡梅尔市场和纳查拉特·本杰明步行街而成为游客的打卡之处。

四、广场文化

城市的公共空间是城市文化特色最张扬的表达和最直接的体现。城市广场作为城市风貌与城市建筑的集大成者，在城市发展过程中承担着作为集会、聚集和社交场所的作用。广场文化最早源于欧洲，著名的罗马角斗场、意大利佛罗伦萨广场是世界上最著名的广场文化的代表，城市广场将欧洲的整个文明历史贯穿起来并延续至今。作为一个移民城市，特拉维夫的一个鲜明特征是其海纳百川的胸怀。特拉维夫从来没有固定不变的文化程式，但这些千变万化的文化风格却和谐地在这里共存，共同孕育着这座城市的文化风格，培育着特拉维夫的文化精神。

耸立在拉宾广场上的现代雕塑　刘洪吉 摄

　　这种精神在特拉维夫城市景观里被鲜明地表现出来。大大小小的广场散布在整个城市中，成为特拉维夫所特有的一张名片。著名的拉宾广场是城市政治与经济活动以及大型典礼活动的举行场所，也是市民"休闲"的重要组成部分，同时还是城市旅游业的重要资源。拉宾广场最初的名称为"以色列国王广场"，因以色列总理拉宾于 1995年在这里被刺杀，以色列人为纪念拉宾而将其改名为拉宾广场。拉宾广场对于以色列的意义更多是历史性和功能性的。多年来，该广场一直是众多政治集会、游行和其他公共活动的举办地。广场的北部是特拉维夫的市政厅，这也解释了为什么这座广场会成为拉宾被刺杀之地。直到 1990 年代初期，该广场一直在以色列的独立日被用作以色列国防军野战部队（主要是装甲和重炮）的公共展览场地，一些政治集会和示威活动也在这里举办。此外，每年一些大型的音乐会和艺术展览业也在该广场举行，吸引了来自世界各地的群众以各种文化方式和这座"不眠的城市"一起欢庆节日，这些活动无一不展示着特拉维夫这座现代都市的多元性与包容性。

　　另一个著名的活动场所是号称"白城心脏"的迪岑哥夫广场

（Dizengoff Square）。这座广场始建于1934年，1938年落成，由年轻的建筑师吉尼亚·阿沃布奇设计，以特拉维夫第一任市长梅尔·迪岑哥夫的妻子吉娜的名字命名（该广场全名为"吉娜·迪岑哥夫广场"）。迪岑哥夫广场坐落于特拉维夫市的中心，特拉维夫地价高昂，在寸土寸金的市中心竟然腾出这么大一块地方作为公共活动场所，足以看出其重要性。这座广场完全免费，向公众开放，显示出特拉维夫市的慷慨气魄。这座广场是为了解决城市交通问题而建造的，随着时代的发展，该广场历经数次整修，引入了分层设计以缓解交通的拥挤，并增添了喷泉等现代广场设计元素。（现在位于广场二层的喷泉是以色列著名雕塑艺术家雅可夫·阿甘于1986年设计的动态雕塑喷泉。）2016年，特拉维夫市政府再次对该广场及其周边的交通道路进行重新设计，本次重修拆掉了此前的高架广场，代之以环形道路，并缩短人行道与广场中心间的距离。今天，这座美丽的广场已经成为特拉维夫人的骄傲。

迪岑哥夫广场　王慧 提供

　　除此之外，还有许多著名的广场，例如位于市中心的马萨里克广场，该广场以捷克斯洛伐克首任总统托马斯·马萨里克的名字命名。同样位于市中心的另一个著名广场是大卫之星广场，广场如此命名是因为有六条街穿过该广场，形似大卫星的六个角。作为市中心最繁华的广场之一，大卫之星广场深受游客和本地人的欢迎。在特拉维夫城市发展的过程中，地价高昂、城市拥挤已经成为急需解决的问题，然而在这种情况下，广场的数量和设施建设也一直未被缩减。特拉维夫市政府甚至为进一步完善广场建设投资颇巨。这些广场与繁华的商业街区一起构成了特拉维夫的城观形象，成为特拉维夫的象征。

五、犹太人回归之都

　　众所周知，以色列最鲜明的特色是它的移民性，而特拉维夫则是最能体现这种国民精神的城市。特拉维夫被誉为"第一座希伯来城市"，正是因为它是第一座由犹太移民建造的城市。老城区雅法以阿拉伯人为主，新城特拉维夫的主要人口则是移民而来的犹太人。20世纪初，现在的特拉维夫还未成型，雅法古城约有4万居民，其中五分之四是阿拉伯人，犹太人和其他少数族裔只占很小的一部分；相比之下，新城特拉维夫的人口约为1500人，几乎全是犹太人。

　　移民对特拉维夫城市的发展功不可没。一战到1937年是特拉维夫人口的快速增长期。1915年，奥斯曼政府的人口普查显示，特拉维夫新城的人口为2679人。1917年，奥斯曼当局驱逐了特拉维夫的犹太居民。英国托管时期，特拉维夫的犹太人数量增长迅速。1922年，新城犹太人为15,065人，穆斯林有78人，基督徒为42人，值得注意的是，1921年，由于雅法城犹太人的增长，城内阿拉伯人和犹太人之间爆发了冲突，导致老城内的犹太人迁居新城，使得新城人口剧增。到1925年，犹太人口为3.4万人。德国纳粹掌权以后，犹太人兴起第5次阿利亚运动，1929年到1939年期间，大批犹太难民迁至巴勒斯坦地区，导致特拉维夫人口有较大增长，1939年，新城犹太人为16万人，占当时整个巴勒斯坦地区犹太人口的三分之一以上。截至以色列建国前夕，特拉维夫新城约有23万犹太人，成为一座名副其实的"希伯来城市"。

1950年，出于市政管理的需要，老城雅法与新城特拉维夫合并，共同组成特拉维夫-雅法市（简称"特拉维夫"）。此后该市人口一直波动上升，并在60年代达到高峰。这主要是由于1948年以色列国成立，增强了世界各地犹太人的信心，许多人因此选择移民以色列。随后，从70年代初到80年代末，特拉维夫的人口呈现持续下降的趋势。随着特拉维夫人口半个多世纪以来的持续增多，原来的城市住房无法满足需求，市内居住条件拥挤，且房价高昂（位列全国第一），不仅使许多年轻人望而却步，相当一部分的当地居民也选择移居到有着新建住房、条件更好且房价相对低廉的周边城市。此外，人口老龄化也是导致人口下降的重要原因，80年代后期，该市老龄人口为317 000，占据城市人口相当大的比例，老龄化导致人口出生率增速变缓。20世纪90年代，大量苏联犹太移民涌入，扭转了特拉维夫人口下降的趋势，并再次扩大了特拉维夫的人口规模。

长期以来，特拉维夫的人口主要是犹太人，阿拉伯人总占比不到5%。特拉维夫的犹太裔包括阿什肯纳兹犹太人、塞法迪犹太人以及规模很大的埃塞俄比亚犹太人。特拉维夫已连续三年被评为"犹太人回归之都"，目前仍是移民者的首选城市。作为一座极具开放性的城市，特拉维夫持续地吸引了渴望回到以色列地的犹太人，也正是移民塑造了特拉维夫强烈的多元色彩与现代化气息。来自不同国家、不同文化背景的移民，将他们各自的风土人情、风俗习惯，平等地反映在特拉维夫的城市建设、城市景观、城市文化、宗教艺术等方面，这正是特拉维夫包容精神的体现。

正如一枚硬币的两面，特拉维夫一直面临着自身发展带来的问题：如何协调移民间的冲突？如何平衡城市南北部发展？如何解决城市发展过快带来的住房问题？过去的特拉维夫专注于经济发展这一赛道，并且取得了巨大的成功，然而，文化差异、经济发展不均的现象仍然存在。现在的特拉维夫通过辐射周边地区，人口逐渐从市中心扩散到郊区和卫星城，不仅有效解决了城市拥挤问题，也更好地促进了周边地区的经济发展。以色列政府也鼓励外来移民向其他地区移民，缓解移民带给特拉维夫的巨大人口压力。

六、精神文化的源泉

特拉维夫是一个充满生机与活力的城市。它以海纳百川的胸襟欢迎来自世界各处的人和他们带来的文化、风俗、宗教，而且有意识地保留着这些具有多样性的文化，并在此基础之上持续地吸引新的文化，这促成了特拉维夫文化形态的多样性。特拉维夫是以色列最重要的文化中心，许多人认为该市是以色列的文化首都。特拉维夫是以色列大多数剧院所在地，包括哈比马国家剧院、以色列爱乐乐团、以色列新歌剧院和以色列的大多数舞蹈团，以色列三分之一以上的演出和展览都在特拉维夫举行。特拉维夫每年举办各种文化节，如白夜节，这一天特拉维夫所有的文化场所都不会打烊，城市各处都会举办免费的音乐节；公园歌剧节则提供免费的音乐表演，以色列歌剧院在此期间会表演一部经典歌剧。此外，还有特拉维夫纪录片电影节、爵士音乐节以及以色列啤酒节等娱乐节日。特拉维夫也是一个重要的通信枢纽，是以色列的大部分报纸，包括《以色列国土报》《新消息报》等的出版地，而且大多数出版社、武装部队的广播设施以及广播和电视工作室都设在这里。

以色列拥有的博物馆在数量上超过世界上任何国家，其中许多位于特拉维夫。特拉维夫拥有以色列八大博物馆中的三个：以色列故土博物馆、特拉维夫艺术博物馆和大流散博物馆。最著名的是以色列故土博物馆，该馆展出巴勒斯坦地区丰富的考古和历史陈列品。特拉维夫艺术博物馆是以色列主要的艺术博物馆之一，位于市中心东部边缘，该馆的新大楼由美国建筑师普雷斯顿·科恩设计，其现代"围封"建筑十分有名。艺术馆陈列了许多出色的印象派和后印象派藏品，包括凡·高、毕加索、塞尚、莫奈、夏加尔等著名画家的作品。犹太人大流散博物馆则位于特拉维夫大学校园的一角，是一所反映犹太人流散生活的博物馆，收藏关于犹太人繁荣的历史以及犹太人大流散时期所

特拉维夫艺术博物馆　刘洪吉　摄

以色列国防军历史博物馆　坦克展品　王慧　提供

特拉维夫大学辛巴利斯塔犹太教堂和犹太遗产中心　黄翔晖　摄

受迫害的历史文献与艺术品。

　　除上述三座博物馆以外，特拉维夫还拥有多种类型的展馆。以色列国防军历史博物馆是一所军事博物馆，展出以色列历史中一些罕见的物品以及品种繁多的武器与图片。特拉维夫大学附近的帕尔马赫博物馆采用多媒体向观众展示以色列第一批国防军的各种历史档案。特拉维夫展览中心位于该市北部，每年举办超过 60 次重大活动。许多博物馆和美术馆，包括特拉维夫原始艺术与当代艺术馆等，均位于该市艺术气氛浓厚的南部地区。该区又以弗劳兰丁大街最为有名，这是一条老旧但充满艺术气息的街道，许多设计师、音乐家、摄影师以及一些才华横溢的涂鸦艺术家均居住于此。

　　特拉维夫拥有两所以色列知名大学：特拉维夫大学和巴伊兰大学。特拉维夫大学位于该市北部，这所成立于 1956 年的综合性大学是以色列规模最大的大学，理科和工科专业的世界排名都非常靠前。巴伊兰大学是一所位于郊区拉马特甘的宗教大学，于 1955 年成立，是以色列规模第二大的大学，这所大学的独特之处是提供犹太经典的学习，包括《圣经》《塔木德》以及犹太律法等，因此这所学校有着浓厚的宗教氛围，但其实是一所现代性学校。自 20 世纪 80 年代以来，特拉维夫建立了大量的新学院，其中许多是私立学院。

　　特拉维夫还拥有几个全国较大的体育场馆。以色列最重要的体育场，即国家体育场，可容纳四万多人，位于特拉维夫附近的拉马特甘。特拉维夫最大的布卢姆菲尔德足球场，可容纳约一万五千人。全国最大的篮球馆也在特拉维夫，是特拉维夫马卡比队的主场，该队是以色列篮球的霸主，曾获得许多全国冠军和一些欧洲冠军。

七、以色列的硅谷

2021 年，特拉维夫成为世界第一"新贵"，荣升世界"生活成本指数"排行榜榜首，高消费水平的背后是特拉维夫发达的科技产业。作为全球科创新秀城市，特拉维夫拥有全国最集中的科创资源，日益成为享誉全球的创新创业新高地。特拉维夫被冠以"硅溪""世界最聪明的城市""欧洲创新领导者"等诸多荣誉，是目前全球新创企业密集度最高的城市之一，是新兴的全球科创中心。

特拉维夫拥有世界上数量最多的高新技术创业公司、国际软件行业巨擘的研发中心以及全球最高密度的人才分布。虽然该市的面积和人口分别仅占以色列的 0.2% 和 5%，但特拉维夫的高新技术工业已占全国一半以上，产值约占全市 GDP 的 30%，主要有计算机软件、生物技术、医疗设备制造、医药和通信设备制造等。城市内集聚了全国23% 的高科技企业和 67% 的种子阶段新创企业，约 700 家。其中，网络技术类型的企业大约占据了全城所有高新企业的 43%，单单分布在其 5 个工业园中的软件公司就有 300 余家。此外，通信行业和信息技术行业的发展也较为突出，这两个行业的企业数目分别占比 20%。三分之一的人口是 18 岁到 35 岁的年轻人，平均每 1000 位居民拥有 0.85至 1.15 家初创企业，平均每平方千米就有 19 家新创公司，每 431 人中就有 1 人在创业。在所有特拉维夫初创企业的雇员中，49% 的员工都曾在高科技企业工作，高于欧洲各生态系统 21% 的平均水平；连续性创业者的比例达到 47%，仅次于硅谷的 56%。此外，特拉维夫还拥有超过 350 家全球知名跨国企业的研发中心，包括谷歌、微软、通用汽车、夏普等。康奈尔等大学联合发布的《2020 年全球创新指数》中，特拉维夫在各经济体和跨境地区的科学技术集群排名中位列 24 位，在前 100 位科技集群中位列 23 位，全球科技活跃度排名 63 位。

特拉维夫的全球城市排名也日益提升，是全球仅次于硅谷的"硅溪"。在全球化与世界级城市研究小组与网络的世界城市排名中，特拉维夫被认为在中东城市中最具"形成世界级城市"的潜力，甚至在 2016 年被评为 α 级。在《经济学人》信息部的全球城市竞争力指数排名中，特拉维夫与纽约、伦敦、香港一起被评选为世界上最具竞争力的城市。在中国社会科学院与联合国人居署共同发布的《全球城市竞争力报告（2020—2021）》中，特拉维夫的经济竞争力排名第 26 位，可持续竞争力排名 28 位。

特拉维夫的发展具有良好的社会背景。与仅在某个地区集聚发展高新技术产业的城市不同，特拉维夫城连同周边的卫星城作为城市群，共同发展高新技术产业。高新技术产业的发展历程实际上就是特拉维夫科技城的建设史，而这部历史源于最初的创建者。首先，创建者们对于现代化和快速城市化的追求，奠定了特拉维夫早期建设和未来城市发展的主要基调。创建者们在建设早期"希伯来城市"时引入了现代城市发展理念，他们相信凭借犹太人的勤劳与智慧，特拉维夫将会经历快速的经济发展和城市建设，终有一天将成为以色列国土上的"纽约"。尽管特拉维夫的前身只是雅法古城北郊的一个小山丘，但随着城市创建者引入欧洲先进的城市规划理念，大批环境优良的居民区被建立起来，不仅满足了当地商人、自由职业者和教师等人群的需求，更吸引了大批对居住质量有较高要求且有一定购买力的高层次犹太居民入住特拉维夫，这为日后聚集更多高素质人才提供了必要的基础。

特拉维夫的交通十分便利，为其发展提供助力。该市的交通四通八达，以机动车运输为主，包括繁荣的公共汽车系统、可通到郊区的火车系统，轻轨系统也有所发展。该市的东南部有以色列的主要国际机场，南部有以色列对外贸易的重要港口阿什杜德海港，特拉维夫因此也成为以色列的主要交通枢纽。悠久的历史积淀、便利的地理位置以及发达的交通条件等，十分有利于特拉维夫的经济发展。

以色列政府对于高新技术产业发展采取积极鼓励和大力投入的态度。早在 1965 年，政府就成立了以色列创新局（其前身为首席科学家办公室，2016 年更名为以色列创新局），负责管理全国范围内的工业研发并为产业发展提供投资。特拉维夫充分利用了学校科研、人才优势，同时不断加大对高新技术产业的投入。以色列有驰名本国内外的特拉维夫大学、巴伊兰大学、魏兹曼科学研究所、希伯来大学等高等院校及研究机构，这些科研机构在生命科学、电子工程等方面有着很强的科研储备，掌握研发尖端技术，对助推高新技术发展起到重要作用。这些科研机构提供了特拉维夫与国际科研接轨、学习世界各国先进技术的有利平台，高校与公司的合作发展为特拉维夫争取到很多创新经验以及外商投资，并为特拉维夫进一步成为国际先进城市奠定良好基础。在以以色列信息技术革命为主导的新技术革命的推动下，政府把强化研究与发展投资、夺取高新技术产业的制高点作为商战和国际战略的重点。政府对于高科技的投入、对人才的培养以及对整个城市创新发展环境的营造，为高新技术产业的发展提供了必要的政策环境。

其实，创新精神一直内含于犹太文化。《塔木德》是犹太人的第二大经典，奠定了"以文本为中心"的犹太传统。拉比时期，拉比群体解释成文《托拉》时采用了评注的表述方式，这最终成为犹太社群以文本为中心进行智力创新的主导模式。评注的选取并非以哪位拉比更权威，又或者是更为人接受作为标准，而是铺陈式，最终采取哪种解释全凭后人理解。这种评注方式允许出现不同的声音，也鼓励了人们积极思考原始文本所蕴含的意义。这种思考与反思作为犹太传统文化的一部分，在今天仍对犹太人有着极大的指导性意义。就某个问题进行发问与讨论也是犹太文化的一部分，一个有趣的犹太小故事这样说道：一个犹太孩子放学回家后，会被父母询问他在当天的课堂上是否积极提问，若积极提问了，则会被给予奖励。犹太文化中敢于求异、挑战权威、打破旧逻辑秩序、开拓新空间与运用新方法的精神内植于特拉维夫的创新文化。

特拉维夫多元、激烈碰撞且包容的文化背景极大激发了社会创新创造的活力。20 世纪 90 年代大批计算机科学家的移民潮，使以色列接收了近 100 万的苏联科学家和工程师，为高科技产业储备了雄厚的人才基础。以色列政府还制定了一系列人才移民政策，专门成立了移民吸引部，如"回到祖国"战略、"卓越研究中心"项目，都旨在利用高工资、尖端研究设施和促进跨学科的创新合作等条件吸引全球顶级科学家，令这里成为全球最具影响力的高科技城市之一。2016年，特拉维夫是12%以色列新移民的目的地，随后，在特拉维夫"打造创新型全球城市"的号召下，又有一批来自世界各地的创客、技术人才源源不断地涌入这座移民城市，为城市注入新的活力。

八、地中海的魅力

特拉维夫位于地中海东岸，有着14千米的海岸线。这给予了特拉维夫一大片天然的海滩。《国家地理（杂志）》曾在评价全球十佳海滨城市时，将以色列特拉维夫列为第九名。这丝毫不足为奇，特拉维夫整个西侧面向地中海，有着世界上最好的海滩。与那些专门为旅游而到海滩的人不同，海滩已经成为特拉维夫人日常生活的一部分。从清晨的第一缕阳光开始，特拉维夫海滩边的滨海小道上已经有许多晨跑的人、遛狗的人以及打沙滩排球的年轻男女。

曾几何时，人类对于海滩充满了畏惧。18世纪以前，人类面对海滩总是充满了恐惧，大海是神秘的，也是危险的代名词，作为连接大海与陆地的桥梁，沙滩更是一些不幸的发生地。受制于社会技术，人类尽管试图征服大海，却总是屡屡失败，人们对海洋充满了想象和一无所知的恐惧。

海滩从危险的代名词转变为炙手可热的度假胜地，其实是现代化的结果。18世纪，随着城市工业社会的兴起，人们的观念逐渐发生了变化，压抑的工业生产生活，让人们急需一个获得心灵自由的场所以释放内心的苦闷。经济水平的提高以及交通的发展为人们提供了便利，18世纪，英国主导了海滩旅游文化的兴起。海洋与健康产生了联系，18世纪中叶，欧洲的精英开始宣传新鲜空气、运动和海水浴，尤其在英国，贵族和知识分子十分重视自己的健康与卫生。他们认为，工人之所以体格健康是通过劳动加强的，相比之下，上层阶级似乎是虚弱的，缺乏精气神的。因此，一个新的概念——"治愈海"诞生了，即通过海浴来治疗疾病，例如忧郁、佝偻病、麻风病、痛风、阳痿、结核感染、月经问题和"歇斯底里"。19世纪时，海滩的形象发生了转变。艺术家和浪漫主义作家赋予了海滩情趣和奇迹，曾经"功能性"的海滩变成了个人体验的场所。对于欧洲人来说，海滩成为逃离现代生活的去处，火车和现代旅游业的兴起促进了海滩文化的诞生与兴盛。

对于特拉维夫来说，海滩文化其实是一个"舶来品"。20世纪初，犹太移民们将流散地的文化带到特拉维夫，并促使其生根发芽。传入特拉维夫的海滩文化发展并没有其他国家海滩文化所经历的过程，传入特拉维夫时，海滩文化已经非常成熟。对于特拉维夫的早期移民来说，他们决心塑造一个形象——身形高大、肩膀宽阔、肌肉强壮的"新犹太人"。海滩所代表的自然、运动、健康的形象与之不谋而合，正是在塑造以色列"新犹太人"的过程中，特拉维夫海滩文化得到了蓬勃发展。

现在的特拉维夫海滩是一个面向全民、全天开放的免费健身中心。漫长的地中海海岸线使得特拉维夫拥有数个条件优越的海滩。那里水质清澈、环境整洁。戈登海滩是特拉维夫的主要海滩，这里设备齐全，

设施齐全的户外"健身房"——特拉维夫沙滩　李舒扬 摄

商店林立，海滩上配有日光浴躺椅、冰激凌店等。希尔顿海滩位于戈登海滩以北，非常适合冲浪，每年这里会举办皮艇和风帆课程，但它的特别之处在于它是非官方的同性恋海滩，每年"骄傲游行"期间，这片海滩会变得异常热闹。特拉维夫最宽阔的一片海滩是渔人海滩，适合游泳。博格拉绍夫海滩与戈登海滩、渔人海滩一样，非常受人欢迎，常常派对云集。窥视者海滩得名于一部1972年的喜剧电影，尽管名字有点俗，但实际上，这片海滩非常适合家庭出游。特拉维夫人非常热爱海滩，游客在沙滩上随处可见他们在海里游泳、在沙滩上打板球、玩冲浪板、带着狗在海水里追逐。晚上更是海滩运动的高潮时刻，在夜晚清凉的海风下，更多的人出来运动。

九、"骄傲的同志"

2020年，特拉维夫-雅法市政府宣布，允许同性伴侣在市政厅办理婚姻登记。这一政策表明，与其他异性夫妻一样，特拉维夫的同性夫妻享有相同的市政权利。特拉维夫由此成为以色列第一个批准同性伴侣在市政数据库中登记的地方当局。

这一政策尽管令人惊喜，但却并不令人惊讶，须知特拉维夫的骄傲同志游行世界闻名。不过在传统犹太文化中，同性恋的行为是被完全禁止的，在以色列建国后的相当长的一段时间里，同性恋犹太人一直饱受争议。对于生活在以色列的同性恋人士来说，1988年是一个至关重要的转折点，这一年，以色列曾经修改禁止同性恋的法律，同性恋被合法化。以色列的第一场"骄傲游行"举办于1979年，地点在拉宾广场。而特拉维夫的第一次"骄傲游行"则是在1993年，此后这一活动被固定下来，每年的6月在特拉维夫进行为期一周的活动。

"骄傲游行"活动一开始还夹带政治性目的，但很快有人提出意见，指出该活动应该关注同性恋者的权利，尤其是平等权，而不是将这一活动作为激进政治的舞台。随着活动规模的扩大，"骄傲游行"活动逐渐具有国民化、娱乐化和大众化的特征。截至2019年，特拉维夫"骄傲游行"活动的参与者逾25万人次，成为亚洲最大的同性

骄傲游行（彩虹旗是同性恋文化的标志）　王慧　提供

恋群体性活动。

特拉维夫"骄傲游行"的独特之处还在于它是唯一一个由市政府全额出资赞助举办的同性恋活动。每年的"骄傲游行"声势浩大，以色列政府意识到这个巨大的商机，并宣布投资1100万谢克到该活动中，特拉维夫市政当局每年则投资100万美元用于打造其同志社群的知名度。随着特拉维夫"骄傲游行"知名度的扩大，特拉维夫获得"地球上最有'基情'的城市""世界最佳同志蜜月旅行之城"以及"世界最佳同性恋之城"等称号。与此同时，对于政府过多"插手""骄傲游行"的行为，一些激进同性恋人士表示抗议，并威胁取消特拉维夫同性恋"骄傲游行"。这是一个非常有意思的现象，这些抗议人士的出发点是以色列政府过于关注"骄傲游行"，而轻视其他旅游产业。

特拉维夫对于同性恋文化的态度是其多元文化和包容性的一个缩影。于这座移民城市而言，多元的文化背景是这座城市建立和发展的基石和动力，可能这也是特拉维夫成长为对待同性恋文化最宽容的城市之一的原因。与此同时，贝尔谢巴、海法和耶路撒冷也开展较小规模的"骄傲游行"。这些城市对待同性恋人士的态度正是以色列文化在现代化道路上驰骋的重要证明。

创新在路上：蓝色的海法

如果有人让你说出一座具备这样几个要素的城市：坐落在山上，享有壮观海景，兼具国际化、自由主义以及多元化，也许你会立即想到美国的旧金山。

然而，在你去过以色列之后，你的答案很可能会改变。

海法——一座干净、绿色的现代化以色列城市，被誉为以色列的众多瑰宝之一，更被称为以色列的"旧金山"。在以色列流传着这样一句顺口溜——"祈祷在耶路撒冷，玩在特拉维夫，工作在海法"（"Jerusalem prays, Tel Aviv plays and Haifa works"）。海法是以色列北部第一大城市，全国第三大城市，拥有以色列最大的港口，聚集了众多的高科技企业及衍生公司。不仅如此，这里还是以色列理工学院和海法大学两座世界顶尖高校的所在地，对高新技术人才有着极大的吸引力，因此被称为以色列的"硅溪"，仅次于特拉维夫（全球的"硅溪"）。海法因其强大的包容性而成为巴哈伊教的世界信仰中心，并且该市生活着大量的德鲁兹人，使其文化具有多元性和独特性。

一、迦密山上的滨海城市

海法的名称起源尚不清楚，目前存在三种猜测。其一认为"海法"

来自耶稣时代的耶路撒冷大祭司该亚法的名字，或彼得的阿拉伯语名字"基法"；其二认为该词源于希伯来语 חוף(hof)，意为"岸边"或者"美丽的海滩"；第三种观点认为这个名字源于希伯来语动词 חפה(hafa)，意思是覆盖或者遮挡，即迦密山（又被译为卡梅尔山）覆盖海法。

　　海法位于以色列北部，临地中海东海岸，距离南部的特拉维夫仅约 90 千米。该市坐落于以色列地中海沿岸平原，面朝广阔的地中海，背靠迦密山，环绕海法湾。海法主要由三个区域组成，且呈阶梯状排列。任何到达这里的人，无论是乘坐公交车、火车还是轮渡（该市目前还没有机场），必定最先到达海法最低的港口区。那里是海法的商业和工业中心，海法港就在这个区域。继而是哈达尔区，位于迦密山的斜坡上，主要有一些老旧的住宅区，那里曾是海法的商业中心，但由于千禧年城市中心转移到下城（市中心），经济逐步衰退。最高处是迦密区，那里是现代社区，也是全城物价最昂贵的地方，有不少的高档物业和顶级酒店，从那里可以俯瞰地中海以及以色列西部的加利利地区。

　　截至 2021 年，海法市区人口超过 27 万，但另有一些人居住在城市周边的城镇中，包括达利雅特·卡梅尔(德鲁兹人居住)、克拉奥特·内谢尔、提拉特·卡梅尔小镇以及一些基布兹。市区及这些周边城镇构

滨海城市——海法　黄翔晖　摄

成了一个以海法为中心向外辐射、人口近 115.5 万的大海法区。海法市居民主要包括犹太人、阿拉伯人和少部分其他族群，民族信仰的多元化在海法得到了极大的体现——这里有犹太人、穆斯林、德鲁兹人、基督徒、巴哈伊教徒以及一些未分类的宗教教徒（按照信徒数量排序）。

二、海法的记忆

海法有着悠久的历史，尽管海法从未出现在圣经中，但《塔木德》中提及海法是一个完善的犹太社团。海法城内的一些考古发现将这座城的历史追溯至石器时代。至少在公元前 14 世纪，在今日海法的所在地就有过一座港口，这座港口是由当地的犹太定居点发展而来的一个航运中心。到了罗马时代，在第二圣殿被摧毁（公元 70 年）前后，海法是一座犹太与非犹太人混居的城镇，这一事实在犹太法典中被提到了不下一百次。据说，这里的居民由于不能准确地读出带喉音的希伯来字母"het"和"ayin"，所以没有被要求在公共场合背诵《律法书》。

与耶路撒冷和雅法的经历相似，"我命由天不由我"的海法命途多舛，多次被不同的势力占领。尽管一千年前海法是一座以犹太人为主要居民的要塞城镇，但十字军东征曾改变海法的命运，1099 年十字军征服了这里，屠杀了几乎所有守护海法的犹太人和埃及人，导致附近的阿卡很快就取代了海法的重要地位，海法由此走向衰落。直到 16 世纪奥斯曼帝国征服巴勒斯坦地区时，这里还是一座落后的小村庄。到 1750 年，贝都因人达哈尔·奥马尔占领了这座城市，摧毁了老城，并在靠近海湾的地方重建新海法，而后新海法逐渐发展为巴勒斯坦地区主要的出口中心。此后一直到第一次世界大战期间，海法一直处于奥斯曼土耳其的控制之下，仅有的两次例外是 1799 年被拿破仑攻占以及 1831 至 1840 年间处于埃及的统治之下。

【知识扩展】

阿卡位于以色列北部，坐落在一座伸入地中海的半岛之上，自古以来就是连接各大水路以及东地中海地区通商往来的枢纽，因而有着十分重要的地理价值。阿卡是一座名副其实的古城，是有史记载持续有人类居住的最古老城市之一，其历史可追溯至五千多年前的青铜器时代。阿卡城最初由一个迦南部落建立，腓尼基人、罗马人、阿拉伯人以及埃及人先后占领了这里，并给这里带来了各自的特色文化。不同时期的文明在此交汇，东西方文化在此融合，历史在这座城中是上下层叠的：地面上的阿卡，呈现的是绿顶清真寺、阿拉伯集市等伊斯兰风情；而在地下，却依然完整保留着一千多年前十字军东征时修建的城堡、密道。十字军东征时期，这座城市曾经扮演着极其重要的角色。阿卡毗邻地中海，又处在安条克公国到耶路撒冷王国的咽喉处，在海路和陆路都占据极为重要的地理位置。它既是商业中心，又是战略要地，于是被十字军选中作为进攻圣城的基地，所有的兵员、物资都从这里出发，前往耶路撒冷。耶路撒冷地处内陆沙漠地区，干旱炎热，以中世纪的运输能力，大规模军团的后勤保障工作非常困难，而良好的后勤保障又是取得胜利最重要的一环。

　　十字军东征期间留下的古城垣、城堡、客栈等遗迹随处可见，其中最著名的圣约翰地下城堡曾经是十字军时期骑士们聚会的地方。石头建成的圣约翰城堡，是十字军王国领导人办公、议政的地方。走入内部，游客可以看到粗大的石柱、优美的拱顶，各种不同功用的大厅呈放射状排列，纵横交错，厅堂内则摆放着出土的各种十字军时期的文物。圣约翰城堡位于十字军大厅内部。十字军大厅的正式名称是圣约翰骑士们的总部和行政中心，有"十字军城"之称，其建筑风格属于典型哥特式，为医院骑士团所建造和使用。奥斯曼帝国在阿卡的统治者艾哈迈德·杰扎尔为了在十字军城的

十字军东征遗址　邵然 摄

阿卡古城一角　秦吉 摄

阿克古城内部　徐新 提供

遗址上建造他的城堡，下令将整座建筑用土填埋，"十字军城"从此不见天日，直到 20 世纪 50 年代，在调查一起建筑事故时，尘封已久的"十字军城"才偶然重见天日，成就了一项重要而富有戏剧色彩的考古发现。

千百年来，阿卡古城见证了一次又一次的屠戮，一支支队伍——十字军、穆斯林骑兵、马穆鲁克军队、奥斯曼土耳其军团，络绎不绝，但对古城而言，都是过客；狮心王理查、长腿爱德华、路易九世、马可波罗、拿破仑都在此地留下足迹，最终，这些当年名声赫赫的英雄人物也都成为历史，只有古城依旧在。这座属于以色列第一批世界文化遗产的古城，欢迎着各国到来的游客，无言地向他们讲述着自己的前世今生。现在的阿卡古城是一处独特的游览胜地，人们漫步在阿卡古城的街头巷尾，穿梭在热闹的阿拉伯集市，能够领略完全不同的风格。

19 世纪初期，海法的工业与塞法迪犹太人社区一起发展起来。其间，来自北非的犹太人定居海法。1868 年，德国圣殿骑士在这里建立了德国殖民地。到 1879 年，来自欧洲的犹太人开始在该市定居。在 19 世纪后期，这座城镇作为巴哈伊信仰的中心而闻名，因为该信仰的核心人物巴孛的遗体被重新安放在了这里。繁华的现代复兴直到 1905 年才正式开始，这一年连接海法和大马士革的铁路开始动工，三年后通往麦地那的铁路也被修建。

英国托管时期的海法迅速成为巴勒斯坦地区的重要港口、海军中心、铁路交通枢纽和原油码头。20 世纪 20 年代至 50 年代，对于许多乘船而来的犹太难民来说，海法是他们最先看到的"应许之地"，是他们第一次踏足这片魂牵梦绕的故土的大门。犹太移民的到来，使海法的人口结构从穆斯林占大多数，变成几乎一半都是犹太人。随之而来的是这座城市里阿犹居民关系的紧张，双方极端分子甚至对对方进行暴力袭击。1948 年 4 月，英军撤退前夕，犹太人控制了海法，该市 6.5 万阿拉伯居民被迫逃离。目前，该市大多数世俗犹太社区与城内的阿拉伯人关系良好，在这些阿拉伯居民中，基督徒占大多数。

三、巴哈伊信仰的世界中心

以色列把包容、接纳巴哈伊教作为其尊重信仰自由的标志，而海法市则一直是融合不同宗教群体的典范。海法是以色列巴哈伊教的发展中心，巴哈伊世界中心（该宗教的全球总部）即坐落在海法的迦密山上，因其花园而闻名于世，巴哈伊的圣地巴哈欧拉陵寝则位于阿卡附近，这两处都有来自世界各地的志愿者为其服务。

巴哈伊教创立于19世纪中叶，旧译"大同教"，由巴哈欧拉创立于伊朗，并在中东地区进行传播。尽管该教的创立者是巴哈欧拉，但创始人却是巴孛，本名赛义德·阿里·穆罕默德，出生于伊朗。1844年，25岁的穆罕默德宣称自己是上帝在新的显圣周期的使者，称号为"巴孛"，意为"大门"，并在其著作中暗示将要出现一位允诺者，引领世界走向大同。然而巴孛被视作伊斯兰教异端，在30岁那年被当局枪决。行刑时巴孛和他的几个信徒被吊挂在一座兵营的楼前，但一排子弹扫射过后，他们居然毫发无损，只是吊挂他们的绳子被打断，信徒将此视为神迹，第二轮枪击后巴孛才终于撒手离去。

在巴孛死后的20年间，先后有25人声称自己是先知预言的那位允诺者，然而只有一位叫作米尔扎·米赫迪的人赢得众人的信服，他称自己为"巴哈欧拉"，意思是"上帝的荣耀"。巴哈欧拉的主要对手是他的弟弟米尔扎·叶海亚，有一次叶海亚向巴哈欧拉提出挑战，要在当地的一处清真寺内检验上帝的意愿，称上帝将击倒冒充者，巴哈欧拉同意了，并如约赴苏丹斯莱姆清真寺，叶海亚却并未出现，巴哈欧拉不战而赢，极大地巩固了他的主教地位。

巴哈欧拉继承了巴孛创造的巴哈伊教，不遗余力地推行世界大同的理念。巴哈伊信仰认为，在历史长河中出现过许多先知，包括亚伯拉罕、摩西、佛陀、克利须那、琐罗亚斯德、耶稣和穆罕默德，他们都是神的显示者。巴哈伊教倡导"上帝唯一""宗教同源"和"人类一体"，这里所说的人类包含男人和女人。巴哈伊教的包容性吸引了大量信众，也令巴哈欧拉招致当局的忌恨和迫害，他被多次驱逐流放到巴格达、伊斯坦布尔、阿德里安堡等地。他曾在以色列北部的阿卡生活了 24 年，并最终客死于此，他的墓地位于阿卡附近的一座花园里。

近年来，随着巴哈伊教的发展，其信徒遍及世界大部分国家和地区，在全球拥有 500 万至 700 万追随者。传统规定有能力的巴哈伊信徒应当前往阿卡和海法朝圣。该教教规宽松，包容性很强，在美国、乌干达、澳大利亚、德国、印度等地所设的灵曦堂对公众开放。入教者享有平等权利，年满 21 岁可参加各级领袖会领导的选举。巴哈伊最高行政机构是世界正义院。巴哈伊的运作资金完全来自捐赠，各个机构和灵曦堂工作人员也由信徒自愿充当。以色列政府认可巴哈伊教将其行政中心设在海法，但不允许其以任何形式向当地民众传教，据说这条规矩自巴哈欧拉时代就立下了，此外，巴哈欧拉还指定海法的迦密山，为巴孛的长眠之地，即后来的巴哈伊花园。

在海法最吸引人、最闪耀的明珠当属面朝地中海，背靠迦密山的巴哈伊空中花园。以前，人们只知道古巴比伦有空中花园，遗憾的是，只能通过文字来领略其中的风采。巴哈伊空中花园某种程度上填补了已消失的奇迹给人们带来的缺憾，这一非凡的人造景观依山傍海，共有 18 层，整个花园纵贯千米，垂直高度达 225 米，最大斜率约 60 度。这座阶梯花园并非一蹴而就，整个工程断断续续共耗时百余年。实际上，巴孛的陵寝直至巴哈欧拉死后才在其子阿博都的主持下破土动工，阿博都是首先提出将巴孛陵寝置于阶梯式花园的人，但他的构想在其生前并未实现。在阿博都完成了陵寝主体的建造后，他的儿子阿芬弟修建了波斯花园，又称老花园，以及拱形区域内的第一座楼：国际档案馆。此后花园的其他部分：世界正义院、圣作研习中心、国际传导中心等依次修建完成。2001 年，完整的巴哈伊花园惊艳出世。这座花园的总建造成本约 2.5 亿美元，每年的维护费用也高达 400 万美元，这些费用全靠巴哈伊教的教友捐赠。

现在的巴哈伊花园十分壮观，由于依山而建，呈阶梯状，因而仿佛凌空屹立。整个花园洋溢着浓郁的波斯风情，一条由白色大理石砌成的阶梯构成花园的中轴线，宛如一条玉带穿梭在花园层层叠叠的绿毯之中，而树木、水池、花盆、雕塑等景观则沿线对称地分布在两侧。距中轴线稍远处的各种景观便不再严格对称，而是融合多种园林风格，

俯瞰巴哈伊花园　秦吉 摄

从铁门雕花的图案到花坛形状的设计，可谓博采众长，相映成趣。上下各9层的阶梯式花园，一层接一层的草坪仿佛褪色，奔腾而下，中间是白色大理石台阶穿起来的玉带，四边是深红色甬道勾勒出的线条，这些红色、白色、绿色，每到一层就停歇一下，宛如花瓣似的绽开一个拱形的平台。金色穹顶的巴孛陵在这重重花瓣的中央屹立着，庄严、华丽且安详。

巴孛陵寝在巴哈伊花园的正中心，位于花园的中层，陵寝象征着世界大同的理念。金色半球形穹顶位于40米高的乳白色圣殿之上，在阳光的照耀下熠熠生辉，宛如一颗璀璨的明珠，该穹顶由14000块镀金瓦片所覆盖，下方是钢结构的加固层和罗马式大理石柱支撑的八角形底座，融汇了东西方的建筑文化特色。陵寝的内部相对简洁，信众可以在这里祈祷，但巴哈伊教不举行任何宗教仪式。

花园的顶层位于海法市的迦密区，游客可以在参观完中层后直接开车抵达山顶（当然也可以选择步行，但那将要吃一番苦头了）。站在顶层，游客可以凭栏远眺，俯瞰不远处的地中海和沿海的居民区，一望无垠的地中海中白浪拍岸、百舸穿行，花园的中轴恰好与一条伸向大海的街道相接，路旁楼房错落，绿树成荫，美丽的海法尽收眼底。

巴哈伊花园的对面是德国侨民区。19 世纪初一批德国基督教传教士来到海法定居，留下了这些沉稳大气、韵味十足的欧式建筑。当时德国南部有一个名叫霍夫曼的宗教领袖，号召自己的信徒定居在巴勒斯坦地区，他们相信生活在圣地会加速基督的第二次降临。来到海法之后，在严格城市规划原则的基础上，他们建立了殖民地，并把现代化的工业引进了巴勒斯坦地区，这片区域就是现在的德国殖民区，历经百年后仍充满魅力。这座改造后颇为雅致的圣殿骑士风格的建筑是感受德国侨民区的历史和氛围的理想去处。

四、多元族群和文化中心

1948 年之前，海法已经成为以色列各民族和睦共处的一个象征——5 种不同宗教信仰的族群（犹太教，穆斯林、基督教、德鲁兹、巴哈伊）共同和睦地生活在这座城市里。这里虽然犹太人占大多数，但却是以色列唯一一座安息日运行公共汽车的城市。全市约有 14% 的人信仰基督教，约 4% 信仰伊斯兰教。海法的基督教修道院很多，包括在迦密山上的巴洛克风格的斯特拉·马里斯修道院。穆斯林主要居住在可哈利撒、阿布斯、瓦迪尼萨斯等街区，支撑起这个城市最热闹的集市。自以色列建国以来，海法市内各族群间总体上相安无事，也许是因为海法宽松的文化氛围，也许是因为盛开在空中的美丽花园。

哈达尔哈·迦密区（简称哈达尔）是这座多元化城市中最多元化的区域之一。哈达尔位于迦密山较低的山坡上，1920 年作为"花园城市"建立起来的哈达尔，在 20 世纪 30 年代成了海法繁华的商业中心，当时这里兴建起了一些一流的包豪斯建筑，贝特哈克拉诺特大楼是其中的建筑精品，坐落于贝尔福大街和赫茨尔大街交叉路口的西北角，这座宏伟的办公楼的历史可以追溯至 1939 年。在哈达尔区有超过 1/3 的居民是来自苏联，特别是乌克兰的移民，还有 1/4 是阿拉伯人，也有少量的极端正统派犹太人和菲律宾裔居民居住在哈达尔。

为促进族群间的融合，海法市进行了多种努力。最为著名的项目是贝特·哈格芬中心（Beit Hagefen），即阿拉伯–犹太文化中心。1963年，时任海法市长的阿巴·胡什建立该中心，得到海法市、以色列教育部、文化部和体育部的支持。中心是非盈利性的，在地方、国家和国际三个层面展开活动，旨在通过文化和艺术活动、节日、会议和社区活动将阿拉伯人和犹太人聚集在一起，并教育其共存、睦邻和宽容，通过打造共享的平等空间，促进海法和整个以色列不同信仰间的社会和文化认同。该组织认为通过将人际交往上升到文化交流层面来促使文化的、叙事的和精神上的资产的创造，对于打破海法和以色列不同族裔群体和宗教之间的障碍并建立彼此间的信任非常重要。

贝特·哈格芬中心以共存为主题，开展了多种促进文化交流的活动。中心下属六个部门：文化部、当代艺术画廊、阿尔卡玛剧院、游客中心、对话和项目中心以及克罗尔图书馆和儿童文化中心，举行包括海法周边的游览、会议以及其他形式的文化活动。阿尔卡玛剧院是一家阿拉伯语剧院，也是以色列最古老的剧院，自建立时起就作为中心的一部分，剧院的戏剧适合各个年龄层的观众，尤其是儿童和青少年。阿尔卡玛剧院曾获得多个奖项，更是培育以色列最著名的阿拉伯戏剧演员的温床，许多阿拉伯演员都是从这个剧院开始职业生涯的。该剧院的剧目丰富多样，非常重视不同民族的创作者，包括居住在以色列的犹太人和阿拉伯人，以及来自阿拉伯世界各地的创作者的戏剧创作，致力于让以色列的阿拉伯普通民众接触戏剧，由此建立以色列阿拉伯与犹太人的跨文化桥梁。

贝特·哈格芬中心还是海法两个主要时间段文化活动的组织方，一是冬季假日——斋月、圣诞节和光明节，这些节日主要在12月举办，分别是伊斯兰教、基督教和犹太教三个宗教十分重要的节日。中心从1994年12月起开始承办这些活动，《奥斯陆协议》签订以前，活动主要在当地进行，协议签署以后，中心将这些活动扩大到国际层面，包括与约旦、摩洛哥以及巴勒斯坦类似的组织进行联合。此外，该中心还为不同信仰的人提供了定期会晤的平台，每两年组织一次宗教会议，参与者包括伊斯兰教、基督教、犹太教、巴哈伊教以及德鲁兹教的神职人员和宗教权威。

　　海法是以色列重要的文化中心，拥有较多的博物馆、艺术机构和两所国际知名的大学。海法博物馆揭开了以色列建国之初一些不为人知的历史，这座城市在相当一段时间里有着浓厚的社会主义意识形态，人们在这座博物馆内可以了解以色列建国之初的意识形态分歧。秘密移民和海军博物馆、国家海洋博物馆勾勒了一部完整的海法海洋历史，是了解海法海洋文化的最佳选择。不设墙博物馆和海法艺术博物馆是了解以色列当代艺术的好去处，两家博物馆都反映了以色列自由的艺术氛围。

　　海法拥有两所著名大学，它们分别是海法大学和以色列理工学院。海法大学坐落于迦密山上，临地中海。站在学校最高的地标性建筑——艾希科尔大楼上，可以俯瞰地中海。海法大学在以色列排名靠前，文科实力强劲。在海法大学校内还有一座博物馆——赫克特博物馆，该馆主要展示一些考古发现，其中最吸引人的是一艘2400年前的沉船，这艘商船可载15吨货物。这家博物馆还展示一些艺术藏品，以印象派和后印象派画作为主，收藏有包括梵高等在内的著名大师的作品。以色列理工学院是一座世界一流的工科院校，有三位诺贝尔奖获得者

海法大学最高建筑艾希科尔塔　黄翔晖　摄

在此任教，世界排名进入前 100 位。这所学校对以色列高科技产业和创新有着巨大的推动力。2013 年，由李嘉诚基金会支持，以色列理工学院在广州汕头大学创建了广东以色列理工学院，作为以色列理工学院的一个分校区，该学院也可授予包括博士在内的学位。

五、夹缝中的部落——德鲁兹人

大量的阿拉伯人生活在以色列境内。以色列建国以前，阿拉伯人在巴勒斯坦地区已经生活了上千年。这些阿拉伯人总体可以分为穆斯林（70%）、阿拉伯基督徒（21%）和德鲁兹人（9%）。德鲁兹人无心追求过多民族和政治诉求，加上人口较少，"与世无争"的他们逐渐被边缘化，成为以色列被"遗忘"的群体。

德鲁兹人素来与犹太人保持友好的关系。德鲁兹人是一个以宗教共同体为基础，以血亲为纽带的社会群体。德鲁兹宗教源于伊斯兰教什叶派的伊斯玛仪派，产生于 11 世纪埃及法蒂玛王朝第六任哈里发哈基姆统治后期。由于宣扬哈基姆的神性，德鲁兹教与主流教派产生分歧。在哈基姆失踪后，德鲁兹派被继任的哈里发驱逐出埃及，遂至叙利亚和黎巴嫩的山区传教，吸收了众多的信徒。1050 年前后，德鲁兹教派停止向外传教，也不接受皈依，逐渐成为封闭式的宗教社团。由于信仰的差异性，德鲁兹教派被其他伊斯兰教派视为异端，并且遭受迫害。定居在巴勒斯坦地区的德鲁兹人与周边的穆斯林摩擦不断，由于人数少，往往成为弱势群体。

犹太复国主义者抓住这一机会，与德鲁兹人保持友好的关系。在犹太人看来，两个族群有着相似的命运——同为被迫害的少数，且都是由于宗教信仰的特殊性而形成的民族，尽管曾遭受迫害，但都成功地保持了自己的特殊性。这些相似的历史经历为两个族群的友好相处打下了基础。对于犹太复国主义者来说，最成功的建国准备之一就是保持德鲁兹人的中立。建国以后，德鲁兹人加入以色列义务兵役制，与以色列国家和犹太民族结成"血盟"，而其他以色列阿拉伯人并不需要服兵役（以色列实行全民义务兵役制，但生活在以色列境内、拥有以色列国公民身份的阿拉伯人免除服兵役的义务，不过德鲁兹人除外）。

今天的德鲁兹人仍然过着封闭的社团生活。据以色列中央统计局统计，截至 2020 年底，以色列德鲁兹人口为 14.7 万，占以色列总人口的 1.6%，占以色列阿拉伯人口的 7.5%，主要生活在北部区和海法市政区（迦密和伊斯菲亚的德鲁兹人口最多）。总体上说，迦密地区老旧不堪，但生活在这里的德鲁兹社团却给这个落后的地区披上了一层神秘的外纱，它是以色列境内规模最大的德鲁兹定居点，并且逐渐与伊斯菲亚融为一体。德鲁兹人的信仰受到伊斯兰教、希腊及其他哲学思想的影响，并且被禁止与外族通婚，也不可皈依其他宗教。越来越多的德鲁兹人接受了高等教育，2019 至 2020 学年，有 5450 名身为德鲁兹教徒的学生进入了以色列的高等教育机构（开放大学除外），与前一学年相比增长了 5.5%。进入大学的德鲁兹学生的专业集中在人文学科，主要是教育学、社会学等。

德鲁兹社团的未来面临重重困境。建国以后，以色列政府对德鲁兹人进行独立民族的建设卓有成效，不仅在法律上正式确认了德鲁兹社团的独立地位，明确了德鲁兹族，而非阿拉伯族；在教育上也突出德鲁兹社团的历史，淡化其中的阿拉伯因素，建设德鲁兹教育体系，这些举措使得德鲁兹人独立于阿拉伯民族，逐渐形成了"以色列德鲁兹"的身份认同。德鲁兹人积极参与犹太国家的建设，例如主动请缨服兵役，德鲁兹人对以色列的认同度极高，以色列政府也承诺让德鲁兹人与犹太人完全平等。然而实际上，这一承诺并未得到兑现。德鲁兹人在各个层面上仍被视作阿拉伯人，尽管犹太人从理智上认可这

德鲁兹旗与以色列国旗　王慧 提供

些为犹太国家而战的德鲁兹人，但也曾出现过遭受了恐怖袭击后的犹太人袭击德鲁兹士兵和平民的事件。此外，德鲁兹社团的经济收入、生活水平与犹太社团的差距明显，德鲁兹人由于受教育水平相对较低，因此只能从事一些技术含量低、收入也较低的职业。另一方面，德鲁兹人与以色列阿拉伯人的关系也十分疏远。在这种情况下，处于犹太人与阿拉伯人夹缝之间的德鲁兹人，境遇更为被动。

幸运的是，以色列政府已认识到这一问题，并着手改善德鲁兹人的生活条件。其一是对德鲁兹地区进行投资建设，例如2011年，以色列政府通过了一个"四年计划"，用于建设德鲁兹和切尔克斯地区，包括职业培训、企业发展等。其二，拨款用于改善德鲁兹人的住房条件和基础设施。然而，这些措施治标不治本，想要从根本上解决不平等的问题，以色列任重道远。

六、以色列的"硅溪"

海法是以色列国内在科技创新方面次于特拉维夫的城市，被称为以色列的"硅溪"。今天这座城市的发展重心从重工业转向技术和电子，位于海法霍夫·哈卡梅尔车站附近的信息技术产业园已经成为谷歌、英特尔、IBM及其他国际高科技巨头驻以色列分支机构的所在地。近年来，海法一直处于以高科技为导向的城市转型中。

海法的转型主要有经济和文化两个层面。

首先是经济发展的转型。海法是以色列最大的港口城市和第三大城市，这里有以色列最大、最早的工业园区，最大的炼油厂和跻身世界百强的以色列理工学院。自20世纪70年代开始，海法就开始了以高科技为导向的城市转型，创新的发展理念如同这座城市的基因，融合进城市发展的各个层面。海法堪称以色列的"北方明珠"，是以色列的科技研究和高等教育中心，也是以色列最重要的港口城市。如果称以色列为"创新之国"，海法则是名副其实的"创新之城"。这里的科技工业中心，是以色列最大、最早的工业园区。目前，一些全球最大科技巨头的研发中心，包括谷歌、亚马逊、飞利浦、IBM等都将总部设在海法，并且不断有新的科技企业入驻这一城市。

海法的转型离不开当地的大学和研究机构，海法产生了 3 位诺贝尔奖获得者，有 2 所世界著名的大学和 7 个学院，其中最著名的是以色列理工学院和海法大学。这些大学将基础研究与应用研究结合起来，积极鼓励科研成果的商业化以及技术转移。国家安全研发中心也坐落于海法，让海法具有将先进国防工业装备和军工技术转为民用的优势。

海法的发展也得益于以色列的军民融合政策。海法的很多创业者都有军队背景，尤其是空军的背景。有人说以色列国防军是每一个以色列人向往的"商学院"，十几岁大的年轻人在军队里接受培训，成为符合空军、情报组织和通信部门要求的人。而这些受过严格训练的年轻人在退伍以后，会把尖端的国防科技应用到符合市场需要的民用技术上。

海法政府对于创新发展全力支持。政府深知，创新是有风险的，要推动国民创新，政府就应主动承担投资风险，以鼓励国民放下包袱，大胆将一些好的想法转化成为创业项目。海法政府在体制创新、激励高科技研发上也一直处于领先位置，为高科技企业的发展提供了良好的平台和服务。到今天，海法已形成了以以色列创新局为总揽的完整的研发经费资助和科技项目孵化支持体系。

海法的创新力不仅吸引了大量高科技企业的加入，在国际上也日益扩大影响力。例如，中以建交次年，上海即与以色列海法市结成友好城市，目前双方之间有着稳定的商业和科技往来，以色列创新成为人们挂在嘴边的词语。2020 年，海法市提出"创新谷"计划，打算打造一座全新的海法市。根据该计划，海法预计将建造 10 万个新住宅、5 个码头，在城内建造威尼斯风格的溪流和运河，并将炼油厂迁出该地区。未来将终止海法湾的所有石化行业，包括所有炼油厂，如果该计划得以实施，那么以色列石油工业的规模将大幅缩减，油库将从基亚特海姆镇和基亚特提芬镇迁至拉马特哈内杰夫镇。根据规划，该地区由洪水形成的水渠、溪流和当地水池系统将从城市的建筑中穿过。若该计划得以实现，海法被打造成一座未来的以色列"威尼斯"是很有可能的。计划还包括在基顺河山坡上建造 5 个码头，但该计划面临着重重困难。2021 年，由上海国际港务（集团）股份有限公司投资建设并拥有 25 年经营权的自动化集装箱港口——以色列海法新港开港仪式正式举行。这意味着中以合作又上一个台阶。

第二个转型表现为文化转型。20 世纪初，随着希贾兹铁路和理工学院的建立，海法成为一个工业港口城市和不断增长的人口中心。当时，大约有 2 万人居住在这座城市，其中 96% 是阿拉伯人，4% 是犹太人。随着阿利亚运动在接下来几十年里的发展，这种平衡被打破。到 1947 年，该市共 7.091 万名阿拉伯人和 7.423 万名犹太人。到 21 世纪初，海法的居民里有 90% 是犹太人。为了适应人口的增长，大规模的城市发展和住宅建设被提上日程。如今，海法市内大约有 10.3 万居民，新的城市建设计划正在进行中，预计在 2025 年之前总人口将增加 6 万。海法市政府目前正在试图把这座城市变成以色列北部的旅游中心，从那里前往圣地的游客可以体验阿克里、拿撒勒、提比里亚和加利利的一日游。一项将港口西段重新开发为文化和夜生活中心的计划也已经启动，同时还开发了 40 家新酒店，以容纳大量涌入这座城市的游客。随着海法的持续发展计划不断扩大，这座城市已经从工业城市转变为繁华的文化中心。

以色列最大的阿拉伯城市：
绿色的拿撒勒

　　拿撒勒在罗马时期曾经是一个宁静的小村庄，如今已经今非昔比。如果你以为这里还是一派田园乡村风光的话，你准会大吃一惊的。今天的拿撒勒是以色列最大的阿拉伯城市，是一座熙熙攘攘的迷你都会，有着商店成行的大街、恼人的交通堵塞和炫耀车技的年轻人，旧城的街巷铺设石头，两边林立着奥斯曼时期的破旧宅邸，目前正在努力成为一个精致的美食和文化目的地。由于总体上拿撒勒的居民以阿拉伯人为主，这座城市是加利利地区阿拉伯人的主要商业中心，当地的阿拉伯居民以穆斯林为主，其余居民多为基督徒，因此，所有的商店和大多数餐厅在犹太安息日都开门营业，而在周五和周日，商店和大多数餐厅都会关门歇业。

一、"枯木又逢春"

　　世人关于"拿撒勒"有很多争论，但基本都认为这里在地理上属于加利利地区。《圣经》的《路加福音》最先提到这个名字，天使加百列受神的差遣告诉拿撒勒的童女玛丽亚，她将因圣灵感孕，所生的即救世主耶稣。拿撒勒是一座相当大的城镇，拥有自己的会堂，耶稣降生以后在这里度过童年的大部分时间。但"拿撒勒"一名仅出现于《新约》之中，除此之外，没有任何著作提到这个地方。第一位犹太历史学家约瑟夫斯在其著作中，提到加利利有 240 个城镇，其他的一些历史学家则提到加利利曾有 45 个城市，但都没有提到拿撒勒。仅在约瑟夫斯书中的一个注释里曾提到，公元 3 世纪，基督教历史学家塞克斯图斯·朱利叶斯·阿弗里卡纳斯的著作指出，拿撒勒位于纳扎拉和哥查班巴，然而阿弗里卡纳斯的著作早已遗失，因此也无从得知其具体位置。同样的，《塔木德》提到加利利 63 个城镇的名字，但也没有提到拿撒勒。20 世纪初，著名的英国《圣经》学者托马斯·凯利·切恩认为拿撒勒不是一个特定的城镇，而是整个加利利的同义词。其他学者反对这个观点，称其缺乏科学严谨性和知识基础。

从词源学上看，拿撒勒在希伯来语中意为"树枝""分枝"。犹太传统认为，当一棵树被砍倒后，树桩上会长出新芽，新树会在旧树死掉的地方长出。《旧约》中的大部分内容是在预言或回应以色列的毁灭，例如，公元前 722 年，北部以色列王国被亚述帝国摧毁，而犹大王国在公元前 587 或公元前 586 年被巴比伦帝国摧毁。这里的以色列就像一棵树被砍倒了，但它会再次发芽，而以色列将由一个被称为"分支"的弥赛亚人物领导，最终得以复兴。因此在《以赛亚书》（第十一章第一至第四节、第六节）中说：

> 从耶西的本必发一条，从他根生的枝子必结果实。耶和华的灵必住在他身上；就是使他有智慧和聪明的灵、谋略和能力的灵、知识和敬畏耶和华的灵。他必以敬畏耶和华为乐：行审判不凭眼见，断是非也不凭耳闻。却要以公义审判贫穷人；以正直判断世上的谦卑人；以口中的杖击打世界；以嘴里的气杀戮恶人。……豺狼必与绵羊羔同居，豹子与山羊羔同卧；少壮狮子与牛犊并肥畜同群；小孩子要牵引他们。

现在拿撒勒村庄的建设者再次以此为名，其实是选择了这个名字来表达希望上帝再次复兴以色列——尽管以色列已经被亚述人、巴比伦人、希腊人和罗马人灭亡。建设者选择这个名字，用先知以赛亚的话来说，这表明上帝没有放弃以色列人，弥赛亚有一天会来到以色列，拯救困苦中的犹太人。

根据考古资料，早在青铜器时代中期，拿撒勒就已经是一个农业村庄，并且该地区还发现了从铁器时代到哈斯蒙尼时代的墓葬遗址。然而由于该地区只有十几户人家，所以没有更早以及更多的史料记载，毕竟实在是微不足道。直到公元 3 或者 4 世纪，一些非基督教的资料才提及拿撒勒，一篇发现于凯撒利亚的铭文记载了当时人们的祭祀活动和他们在加利利的生活地点。根据这份铭文里的名单，犹太哈比兹家族已经在拿撒勒定居，而基督教祭司耶罗尼米斯则将拿撒勒描述为加利利地区的一个非常小的村庄。君士坦丁堡可能已经把该地区纳入他新建的城市黑里欧波里斯的领土内，但可以确定的是，直到 4 世纪，生活在这个镇里的仍全部是犹太人。

6 世纪有关神迹的报告重燃了基督教对拿撒勒的兴趣，但是一个世纪之后波斯人的入侵导致了对基督徒的大屠杀，637 年伊斯兰教传入后，很多当地人转信伊斯兰教，然而在当地属于少数派的基督徒大多保留了原来的宗教信仰。

1099 年，十字军占领加利利地区，拿撒勒被宣布为主教的所在地。十字军在早期建筑的遗址上建造了一座大教堂，它是十字军王国最大的教会建筑之一，由法国骑士坦克雷德提供资金进行装饰，后来坦克雷德成为加利利十字军公国的首领。然而一个世纪之后，这里的十字军和欧洲神职人员被萨拉丁驱逐出境，而没有逃走的人则见证了大教堂被新的征服者肆意亵渎，他们中一些人被屠杀或遭到监禁。

13 世纪中叶，基督徒再次控制了拿撒勒。但 1263 年，马穆鲁克苏丹拜伯尔斯从基督徒手中夺走这座城市，下令禁止基督教神职人员继续传教，并且摧毁了城内所有的基督教堂。到 13 世纪末，拿撒勒仍是一个贫困的小村庄。17 世纪和 18 世纪时，拿撒勒的一些教堂得以重建。17 世纪时，人们发现了这片遗址，1620 年，方济各会获得了这片土地，一开始，他们被禁止在这里建新建筑，但这项禁令在 18 世纪时被撤销。奥斯曼当局要求在 6 个月内重建一座新的教堂，这才使得教堂最终得以重建。拿破仑·波拿巴于 1799 年短暂地占领过这个城市。在奥斯曼帝国统治末期，拿撒勒已经形成了初具规模的基督教社区，兴建了越来越多的教堂和修道院，如今大约有 30 座。

以色列建国前，拿撒勒是一个以阿拉伯基督徒为主的城镇，1949年阿以战争期间及战后穆斯林难民的涌入，将这座城市变成一个以穆斯林为主的城市。现在，拿撒勒约有人口 8 万，大多数居民是阿拉伯人，约占全市总人口的四分之一，其中 55% 至 60% 是穆斯林，35%至 40% 为基督徒。在信仰基督教的人群中，信众比较多的教派是希腊正教、默基特希腊天主教和罗马天主教，人口占比与 1949 年的 60%相比有所下降。基督教和伊斯兰教之间时常发生冲突，导致一些基督教徒搬至城外。

二、尘世中的天堂

有人说，天使在以色列遗留了两颗明珠，一颗是死海，这是世界最低的咸水湖，而另一颗就是世界上海拔最低的淡水湖加利利湖，其湖面海拔在海平面下 213 米，位于以色列的东北部，与拿撒勒之间的距离不过 8 千米。加利利湖又名提比利亚湖，该湖水产丰富，湖长约21 千米，宽约 13 千米，总面积约 166 平方千米，最大深度 48 米。湖

加利利湖风景　吴丁洋 摄

的两边分别是戈兰高地和赫尔蒙山，仿佛一双强有力的翅膀，环绕这片湖水。

加利利湖景色秀丽，天空的蓝与湖水的蓝不分伯仲，仿佛凝固在那里，只有海鸥偶尔飞过才会让人感到时间还是流逝的。站在湖边，微风吹来，湖面荡起微澜，人们能忘记一切烦恼，静下心来。环湖有许多现代酒店，鳞次栉比，与镶嵌其中的古建筑形成鲜明对比。

围绕加利利湖有许多脍炙人口的宗教故事，它的湖水甚至被看作基督教的圣水。据说，耶稣在他的家乡拿撒勒生活得并不如意，于是来到加利利湖一带，在那里施行了众多神迹，包括水上行走、平息风暴、五饼二鱼以及八福山上巧论道等。加利利湖地区被看作耶稣的第二故乡，沿湖有许多纪念耶稣的教堂，为了方便人们祈祷，人们把这些各具特色的教堂串成一条"耶稣足迹"步道线路（Jesus Trail）。

"耶稣足迹"步道线路上的教堂主要集中在加利利湖的北岸。第一站是著名的五饼二鱼堂。传说耶稣面对饥肠辘辘的门徒，将仅剩的五张饼和两条鱼，掰开后放于篮子中供众人拿取，结果居然取之不尽。现在看到的这座教堂是1982年重建的，最初的教堂可以追溯到公元4

五饼二鱼堂　刘洪洁 摄

世纪，公元 7 世纪被毁。教堂祭坛下面有一片绘着五饼二鱼图案的马赛克地板，据说是近两千年前的真迹，不得不说令人十分惊讶。

第二站是彼得献心堂。彼得原是一名渔夫，终日收获寥寥，而在受耶稣指示后，一网捕了 153 种大鱼，后来其中的一种就以他的名字命名，叫"彼得鱼"，实际上是罗非鱼，味道远谈不上鲜美，但因其背后的故事而成为当地的一道名菜。相传耶稣复活后在圣彼得教堂显身，并在与门徒进餐时三次问彼得是否爱他。这座教堂建于 1933 年，抽象、色彩鲜艳的彩色玻璃窗使得整座教堂十分明亮。位于圣坛前面的扁平石头是这座教堂的一大独特之处，石头的一半在教堂内，一半在外面，内外相通。这块石头被拜占庭朝圣者认为是基督的桌子。传言说基督和他的门徒在这里吃过鱼，也是在这块石头上，复活的耶稣指定彼得作为未来的教会领袖。

第三站是八福山，这是传说中耶稣布道的地方。八福山上坐落着八福堂。这座教堂距今已有 1600 年的历史，是一座八角形加金色穹顶的罗马天主教堂，穹顶上有 8 扇窗户，镂刻着圣训所说的八福：虚

八福山教堂外观　秦吉 摄

迦百农　王慧 提供

心的人有福了，因为天国是他们的；哀恸的人有福了，因为他们必得安慰；温柔的人有福了，因为他们必承受地土；饥渴慕义的人有福了，因为他们必得饱足；怜悯人的人有福了，因为他们必蒙怜悯；清心的人有福了，因为他们必得见神；使人和睦的人有福了，因为他们必成为神的儿子；为义受逼迫的人有福了，因为天国是他们的。圣坛周围展示着七美德：正义、慷慨、宽容、诚信、勇敢、希望和节制。

　　迦百农是八福山的下一站，位于从太巴列至大马士革的公路途中，是一座繁荣的湖畔村庄。据说，这个村庄是耶稣在加利利湖地区传道影响力最大时期的基地。迦百农有一座著名的犹太会堂，面朝耶路撒冷，由两个叠合的建筑组成。现在看到的是重建后的白色犹太会堂，由浅色的石灰石修砌而成。

　　这条"耶稣足迹"步道路线止于约旦河洗礼处。它在加利利湖的南端，位于约旦河阿卜杜拉桥和阿伦比桥之间。洗礼处周边种满了桉树。在距约旦河入河口处 100 米的地方，河道很窄，河水很浅，一块用英文和希伯来文写着"耶稣基督受洗处"的木牌被立在岸边。对于

约旦河洗礼处　王慧 提供

犹太人来说，约旦河是他们的先祖征服迦南的起点；而对于基督徒来说，这里是见证信仰、洗涤原罪的圣水。

对于拿撒勒地区的人来说，保护加利利湖水的安全比一切都来得重要。一方面，在相当长的一段时间里，水资源都是困扰以色列国家发展的重大问题，而加利利湖的淡水至少对于以色列北部来说，提供了大量可利用的水资源，因此该地区和以色列政府都大力保护这里的水资源不被污染。另一方面，加利利湖是该地区旅游业的重要资源，保护该地区良好的自然环境，有利于吸引大量游客前往观光，以带动地区经济的发展。

三、童年故乡

拿撒勒是一座宗教文化多元化的城市。全市拥有 30 多座教堂和修道院，还有清真寺和古代犹太会堂，因其与耶稣的联系而被视为基督教圣地。每年有大量的游客前往拿撒勒旅游，这被看作"朝圣"之旅，据以色列中央统计局的数据，每年前往以色列的游客中 80% 以上会选择到拿撒勒游览。

拿撒勒的宗教文化主要体现在基督教文化、伊斯兰教文化和犹太文化三个层面。基督教文化在这座城市中最为突出，拿撒勒被视为耶稣的出生地和童年成长地，"天使报喜"的故事家喻户晓，而故事的发生地点被称为"天使报喜堂"（又称"圣母领报堂"），《新约》中记载这里是玛丽亚和约瑟的住处。现今的天使报喜堂是在"报喜岩洞"上建立起的第 5 座教堂，建于 1966 年，由意大利建筑师基奥瓦尼·穆齐奥设计，于 1969 年竣工。

天使报喜堂是典型的东正教风格建筑，拜占庭式的穹顶高高矗立。据说穆齐奥当初设计天使报喜堂主要基于两个原则：首先，通过视觉的形式展现拿撒勒古往今来的历史。其次，希望这座教堂能充分体现出罗马教堂的天主教特性。同时这座建筑杂糅了大胆的现代主义风格。天使报喜堂主要有三个重要部分：第一是上天主教堂。高耸的圆顶如同一朵倒置的百合花，赞美着圣母玛利亚。这个混凝土建筑以凹点装

天使报喜堂，又被称为"圣母领报堂"　徐新　提供

饰，融合了 20 世纪中叶可爱的设计风格。第二是天使报喜窟。它位于灯光昏暗的教堂底部，被一个凹陷的围栏保护着。这也是传统上玛利亚旧居的位置，在这里同时还有拜占庭和十字军东征时期遗留下来的教堂遗址。第三是马赛克镶板。庭院以及教堂的墙壁上都装饰着一系列栩栩如生的马赛克镶板，这是由世界各地的天主教派捐赠的，镶板描绘了玛丽亚和婴儿时期耶稣的生活，大胆地反映了捐赠者国家的文化。

　　从天使报喜堂上层出来，穿过庭院和一个芳草萋萋的小公园，人们就可以看到一座修建于 1914 年的新浪漫主义风格的圣方济会教堂——圣约瑟教堂，教堂建立的位置传说是约瑟的木工作坊遗址。在教堂的公共入口墙上，有圣母玛丽亚、约瑟夫和年轻时的耶稣的雕像。教堂被拱廊隔成三个部分，祭坛的左边是圣母玛丽亚的雕像，雕像上面半圆拱顶和大堂祭坛上面的半圆拱顶上，都有约瑟夫一家的大幅油画，教堂的右侧有楼梯直通地下岩洞。

　　天主教婚礼教堂的所在地则被看作耶稣施行第一个神迹的地方，

圣约瑟教堂，又被称为"拿撒勒圣若瑟堂"　王慧　提供

天主教婚礼教堂，又被称为"迦拿婚礼教堂"　王慧　提供

因而前往朝圣的基督徒络绎不绝。这座教堂离报喜堂不远，遗迹表明，在耶稣时代这里就是犹太人的城镇。据说，耶稣施行的第一个神迹是将水变成酒，在加利利的迦拿的一场婚宴上，耶稣将水变成酒的故事在其门徒中流传甚广，他们相信这就是耶稣所行的第一个神迹，故事的发生地就是当时距拿撒勒约十几千米的加利利的迦南村。正因耶稣施行神迹——将水变成酒是发生在婚宴之上，这里被视为婚姻盟约可以得到上帝祝福的地方。现在这个教堂已经成为教徒们举行婚礼的最佳场所，就算不能在这里举办婚礼，能在有生之年到教堂更新一下婚约，同样被视为可以得到上帝的祝福。

　　"耶稣足迹"步道为到拿撒勒进行祈祷的宗教信徒提供了一条与耶稣拉近距离的途径。相传，两千多年前耶稣降生于以色列的伯利恒，之后四处传道，为了替人类赎罪，死在耶路撒冷的各各他山。在这条路上，人们相信看到、摸到、接触到的每样事物，都能使其体会到一幕幕宗教故事与耶稣的足迹。每一年，有很多朝圣者踏上以色列这片圣地，尝试追随耶稣所行之路。

2007 年，以色列徒步家毛兹·伊农和美国徒步家大卫·兰迪斯开辟了这条朝圣步道，该项目主要由志愿者管理和推动，带有非盈利性质。这条路长达 65 千米，徒步者可以从拿撒勒的天使报喜堂一直走到塔布加和加利利湖的迦百农，沿途穿过犹太人、基督徒、穆斯林、贝都因人和德鲁兹人的聚集区，周边景色壮丽，包括崎岖的山脉、橄榄园、森林和峭壁。沿途景点包括基督教圣地、古老的犹太会堂、十字军时期的战场以及德鲁兹人的重要宗教圣地。沿途的岩石上刷有三种颜色的条纹标志，橙色在中间，两侧为白色，当表示耶稣步道的一部分与其他步道（例如以色列国家步道）交汇时，之前的步道标记上会再添加一个额外的橙色圆圈。

【沿途景点】

少年耶稣教堂，位于"耶稣足迹"步道上。该教堂建于 1906—1923 年，得名于耶稣少年时代在拿撒勒度过了大部分时光的传说，是一座新哥特式风格的教堂，人们从这里可以观赏到拿撒勒的优美风景。教堂有干净的，几乎闪闪发亮的石灰石内饰、精致的拱门和高耸的拱顶，极具"法国风情"。从旧城出发，游客只需要走 2 千米就可到达该处，或者也可乘坐公交车到达。

以色列国家步道沿着塔博尔山蜿蜒而上，与环绕着山的两条著名步道相交。以色列国家步道于 1996 年建成，北起基布兹丹，南至埃拉特野外学校，贯穿了整个国家。步道全长 1100 千米，分为 45 个部分。沿着步道徒步的旅行者可以选择走完全长，或是其中不同的地段，决定走完全程的人可以在 30 至 60 天内完成行程。除了沿步道徒步，自步道开放之日起，就发展出许多其他选项：现在有可供骑自行车和开越野车通过的特殊地段。《国家地理（杂志）》将这条步道评为"20 条最佳徒步步道"之一，称其为"史诗般"的步道。这条步道将民族遗产和民族文化融入自然历史当中，其中既包含许多《圣经》中的风景，也有现代以色列人的日常生活常态。对于热爱自然，喜欢徒步的人来说，以色列国家步道就是观察和体验以色列的最佳路线。

对拿撒勒的犹太文化感兴趣的人可以选择游览齐波里国家公园，

齐波里曾是非常重要的犹太世俗生活中心。古罗马时期，齐波里是加利利地区犹太人的首都，现在则是以色列犹太文化最著名的考古遗迹。在古代，齐波里是一座铺有石子路的繁荣城市，如今甚至还能看见古罗马马车留下的车辙印，同时，该城有着令人惊异的供水系统、市场、公共浴室以及一个可容纳 4500 人的剧院。而在今天最引人向往的是美丽的马赛克图案。1931 年，来自密歇根大学的师生就已经在这里进行考古发掘了。随着考古发掘的进行，这里出土了许多保存完好的马赛克地砖，而在这之中，最吸引人的是一位沉思女子的马赛克镶嵌画，这幅画发现于一座罗马别墅中，被称为"加利利的蒙娜丽莎"，又被称为"东方的维纳斯"，栩栩如生，美轮美奂。在公元 70 年反抗罗马的巴尔·科赫巴起义失败以后近 200 年的时间里，齐波里一直是犹太人的生活中心。据说就是在这里，拉比耶胡达·纳西编纂了最早的犹太法典《密西拿》。后来齐波里的学者还对《塔木德》的编纂做出了贡献。

另有一座犹太会堂，建于十字军东征时代，隐藏于集市旁边的小巷中。如今这里是一座天主教堂，就建在犹太会堂的遗址上。人们往往认为就是在这里，年轻的耶稣引用了《以赛亚书》的内容，并向众人显示自己就是以赛亚预言的人物。

拿撒勒这座以色列北部的小城，总人口不过 12 万人，宗教信仰却十分多元，并能在这里友好共存，这一现象鲜见于世界的其他地区。市内提供了宗教对话的场所——拿撒勒玛利亚国际中心，中心位于天使报喜堂的街道对面，由法国的罗马天主教团体舍曼侬诺夫运营，是在天主教徒之间以及各宗教之间展开一般事务性工作和对话的场所。这座建筑的屋顶栽种了《圣经》中提及的植物，从这里可以 360 度俯瞰全城景色。地下室是第一圣殿时期的原迹遗址。为促进来自各地区和国家的教徒的交流，这里的多媒体设备提供了 14 种语言，展示了《圣经》中的重大事件（从创世记到耶稣复活），重点关注玛丽亚和耶稣的生平，同时该中心还提供 16 种语言的影像资料。

四、以色列阿拉伯人的"硅谷"

长期以来，犹太人在以色列创新文化中占据主导地位，而阿拉伯人等其他以色列民族则处于劣势地位。尽管以色列有超过五分之一的阿拉伯人口，但阿拉伯人在国家初创型高科技成功故事中的占比却非常低，仅占以色列高科技劳动力的3%。这主要是因为以色列境内阿拉伯等少数民族生活在以色列的边缘地区，使其远离以色列中部的高科技中心，更因不用服兵役而缺乏相关的实践和专业技能，从而在创新领域显得潜力不足。但未来这种状况会逐渐得到改善，拿撒勒作为以色列最大的阿拉伯城市，正逐渐成为以色列阿拉伯人科技创新和开创高新技术企业的聚集地之一。鉴于这座城市已经取得的成就，甚至有人称之为以色列阿拉伯人的"硅谷"。

21世纪初，拿撒勒已经建立高科技孵化器，为以色列阿拉伯人提供了一个将创新理念转化为实践的平台。2002年，以色列犹太和阿拉伯企业家联合创立"新一代科技"（NGT）孵化器，旨在培养以色列阿拉伯科学家，利用以色列在生命科学领域已经具备的大量知识，在医疗科技方面进行创新，目前，"新一代科技"是以色列唯一此种类型的孵化器。该项目最初受到多方质疑，但其十几年蒸蒸日上的发展表明，这个孵化器的潜力巨大。在此之前，以色列阿拉伯人只有一两家高科技公司，但现在有20多家阿拉伯初创公司正处于发展阶段。"新一代科技"孵化器位于拿撒勒工业区的边缘，在这个孵化器的附近有两家公司：MIT Soft公司是一家为解决以色列阿拉伯人面临的困难而设立的高科技人力公司，Tsofen公司是一家为科学专业毕业的阿拉伯人才准备就业市场的非盈利性组织。"新一代科技"孵化器的成功对于刺激以色列阿拉伯人的科技创新有着巨大力量，更开启了犹太人与阿拉伯人共存与合作的新模式，对弥合两个民族间的差距有着积极作用。

目前，拿撒勒市的以色列阿拉伯高新技术产业正在蓬勃发展。尽管与特拉维夫和海法的技术产业发展还存在较大的差距，但拿撒勒也已经在以色列阿拉伯企业中起到引领和示范作用。拿撒勒的高新技术产业包括人工智能、医疗设备和生命科学等。人工智能技术正在迅速发展，并改变着多个行业，有着巨大的创新潜力，尤其是由人工智能驱动的预测建模和面部识别技术在全球健康和社会服务中发挥着重要作用。拿撒勒学院为此成立了技术、人工智能和社会研究所（ITAS），这是从高等教育的层面实施的一项开创性举措，对于培养未来的人工智能和技术领导人才将产生深远意义。

沙漠里的仙人掌：黄色的贝尔谢巴

《圣经》将迦南地描绘为"流着奶与蜜"的地区，而事实上，这里一片贫瘠，不仅缺水，连可利用的土地资源也十分有限。以色列有将近一半的土地被沙漠覆盖，这就是南部的内盖夫沙漠。

贝尔谢巴是以色列南部内盖夫沙漠地区最大的城市，位于沙漠北部，是通往死海和埃拉特的道路的交汇处。该市也是以色列的第七大城市，截至2022年，贝尔谢巴市总人口超过21万，人口增长率为1.09%。贝尔谢巴是"内盖夫之都"——以色列南部地区的行政和经济中心，是南部沙漠地区发展的"领头羊"，是农业科技的重要发展地区。这里有以色列第一任总理大卫·本-古里安的故居，还有以他的名字命名的本-古里安大学。但同时，贝尔谢巴市也是现代与古老文明的交会点。这里不仅有以现代方式生活的犹太人，还有融合了现代生活和部落传统的贝都因部落。

一、从亚伯拉罕的井来

贝尔谢巴（Beer sheva）又被翻译为"别是巴"，据《创世记》（第二十一章），它最早是犹太人的先祖亚伯拉罕与非利士人的王亚比米勒立下约定的地方，因此"别是巴"的意思是"盟誓的井"。但由于在希伯来语中，数字"7"的音译也是"sheva"，意为"七只羊"，所以"别是巴"也意为"七口井"，是亚伯拉罕与亚比米勒立约后所挖的"七口井"。此外，也有一种说法称迦南人起源于贝尔谢巴，因为《士师记》（第二十章）记载"于是以色列从但到别是巴"。"别是巴"指位于古代巴勒斯坦地区永久性农业耕作区南部边缘的地带，即现在以色列的最南端。

贝尔谢巴是一座建立在古老文明之上的新城市，其历史可以追溯到公元前3500年以前。考古证据表明，早在新石器时代晚期和查尔科利特时代（公元前5000—前3500年），该地区就有农业定居的迹象。公元前8000年到公元前4000年，内盖夫地区远比现在湿润，并且有人类持续居住的迹象。在特拉布玛塔尔地区的研究结果表明，在公元前4000年，人们沿着该地区的河谷利用洪水进行耕作，种植小麦、扁豆和其他基础作物，同时放养山羊和绵羊。考古发现还表明该

贝尔谢巴老城　陶奕辰　摄

地区在当时还是先进的矿物加工场，艺术也较为先进，有复杂的男女人物形象的象牙雕刻留存至今。到公元前3000年，这种被称为"苏尔-贝尔谢巴"的文化消失了。

接下来的两千年里，该地区成为重要的商业枢纽，定期性的长途贸易在该地区繁荣发展。一份出土的埃及文本（约公元前1900年至公元前1200年）提及该地区发生过一起游牧民族对商人的袭击事件。同时，游牧民族萨苏逐水草而迁移牛群。《旧约》中提到的亚伯拉罕在别是巴放牧、夏甲和以实玛利在别是巴狂野流浪、亚伯拉罕与亚比米勒在别是巴宣誓等故事，也发生在这个时期。从此时起，贝尔谢巴又被称为"族长之城"。

古以色列时期，贝尔谢巴逐渐发展为都市中心。特拉贝尔谢巴是这片河谷的另一个地点，位于两条道路的交叉处，控制了主要的道路以及通往水井的通道。在该地区发现的公元前4世纪的波斯文物（包括大量刻有个人姓名的碎陶片、来自当时的贸易商品），表明这些商人来自外约旦的高原地区。公元前3世纪，纳巴提安贸易商道初具规模，公元前1世纪到公元1世纪是该商道的鼎盛时期，尽管没有证据能够表明贝尔谢巴是其中的贸易中心，但是从佩特拉到河谷东部地带有定期的大规模贸易前往加沙地区。公元106年，罗马占领了这条商道，并将自己的统治扩张到南部的埃拉。这条由罗马人创造的通道连接了贝尔谢巴、希伯伦和耶路撒冷。拜占庭时期，教会记录表明在贝尔谢巴有一个主教辖区。然而，在被阿拉伯人征服以后，贝尔谢巴的贸易和宗教转向了东方。

15世纪开始，贝尔谢巴被奥斯曼帝国控制，这座城市也因此再次进入全球史。1514年，奥斯曼帝国从马穆鲁克人的手中获得了对该地区的控制权，但贝尔谢巴并非奥斯曼帝国的主要关注地区。在这里的一些主要部落，例如塔拉宾、阿尔·阿扎兹马、提亚哈、阿海瓦特、乌海达特和祖拉姆，占据了关键的牧场和水域，控制着该地区的市场和贸易，定期与希伯伦、曼恩、加沙和开罗进行商业活动。奥斯曼帝国在该地区控制了几个世纪，贝尔谢巴逐渐成为内盖夫地区的贝都因部落的主要居住地。

18 世纪末，贝尔谢巴的重要性逐渐进入大国的视线。1789 年，拿破仑·波拿巴占领埃及，并且开始推动挖掘苏伊士运河，改变了各大国关于巴勒斯坦地区、红海和西奈半岛的战略利益。人们越来越注意到经过贝尔谢巴的长途运输路线的地理价值。1841 年，易卜拉欣帕夏和奥斯曼苏丹同意让埃及管理通过西奈半岛去往埃及的朝圣路线，包括从亚喀巴到拉法，从而有效地授予埃及事实上的控制权。这使得贝尔谢巴成为近奥斯曼帝国边境的关键绿洲，对奥斯曼帝国试图保证他们在该地区的持续主权具有重要的战略意义。

1882 年英埃战争后，英国征服埃及，加剧了埃及和奥斯曼巴勒斯坦之间的边境冲突。奥斯曼人需要确保谢赫的绝对忠诚和贝都因部落在这片土地上的定居权。到 19 世纪末，奥斯曼帝国已经能够在巴勒斯坦地区实现相当大的内部安全，并且出资从阿扎兹马部族的梅姆迪因部落购买了 480 英亩的土地来建造这座城市。1896 年，阿扎兹马部族的谢赫哈桑·马尔塔捐赠了自己的帐篷，他把帐篷放在现在的萨拉亚（政府大楼），作为行政总部。第一位州长（卡马卡姆）伊斯马伊尔·卡迈勒·贝（来自奥斯曼帝国）在这里办公，直到萨拉亚建成。奥斯曼帝国任命了一个建筑师团队来规划新的城市。团队包括两位阿拉伯裔巴勒斯坦工程师——萨伊德·埃芬迪·纳沙希比和他的助手拉格布·埃芬迪·纳沙希比，还有两位外来工程师，一位是瑞士籍，一位是德国籍，他们共同为这个城市制定了一套欧式城建系统，但没有考虑到周围的地形情况。

奥斯曼人鼓励贝都因部落在这座新城市定居，并允诺他们每户可以无偿拥有四分之一英亩的土地，而其他居民则必须要付费。谢赫与其他的部落精英们被吸引到城市，并逐渐建立大型住宅和商店。不过，他们过着一种"两居式"生活，更多时间住在自己的部落里，其他时间住在新城里，这样两地来回居住。奥斯曼政府还鼓励贝都因人参与政治生活。为此，贝尔谢巴的区长建立两个委员会，一个管理社区，一个管理城市，两个委员会中都有贝都因人的参与。1914 年，德国人在贝尔谢巴与耶路撒冷和雅法之间建造了一条窄轨铁路，同年 8 月，一战爆发，贝尔谢巴成为奥斯曼帝国的指挥中心，并将这里作为供应军事武器、运输设施的大本营。在英国与奥斯曼帝国的角逐中，英国从奥斯曼帝国手中获得了贝尔谢巴的控制权，穆罕默德·阿卜杜·哈迪是英国托管时期的最后一位贝尔谢巴州长。

1947 年，联合国分治决议将巴勒斯坦地区划分给犹太人和阿拉伯人，并规定英国在贝尔谢巴的统治于 1948 年 5 月终止。根据联合国的分治计划，贝尔谢巴被划为阿拉伯国家最南端的城市，其周围的大部分内盖夫地区则被分配给了犹太国家。但在 1948 年巴以战争中，以色列获得了贝尔谢巴的控制权，一直到今天。1949 年开始，以色列政府将大量犹太家庭安置在这座城市中。作为第一批定居者，他们与驻扎在城市的士兵组成了约 3000 人的队伍。1950 年，以色列对贝尔谢巴的军事管理结束，市政委员会成立，城市的边界随之不断扩大。与此同时，越来越多的土地被犹太人控制，原本住在城里的贝都因部落逐渐脱离城市，转向南部沙漠边缘地区。同年，贝尔谢巴成为内盖夫沙漠最重要的城市，越来越多的新移民被安置在新城区内，电力和用水系统被建立起来，城市规划也越来越规范和井井有条。20 世纪后半叶，贝尔谢巴成为矿物贸易和通往埃拉特的主要转运站。

以色列政府大力支持贝尔谢巴的发展。整个南部地区的医疗保健集中在索罗卡医疗中心和本－古里安大学的医疗研究所，该市设立了不少的教师培训类院校、兽医医院和音乐学院，同时还是以色列南部军队总部的所在地。目前，本－古里安大学已经成为该市发展的引擎，对于促进全球网络、创新培训以及人们对贝尔谢巴的了解有着重要作用。贝尔谢巴的人口与 1948 年以来的"阿利亚运动"有着直接联系，早期移民到这座城市的大多数人是来自中东和北非的移民，现在则以俄裔犹太移民为主。

20 世纪 90 年代以来，大量俄裔移民来到贝尔谢巴，刺激了新社区的发展。然而，随着人口的增多，奥斯曼帝国时期的城市发展政策遗留下来的问题在此时逐渐显现出来——城市的空间布局阻碍了其发展和整体感，交通线复杂且不便。因此，贝尔谢巴市政府在未来的总体规划中开始探索新的发展模式，重新规划交通网络，并且在经济和政治上保持对以色列国和其他市区的影响力，以及保持其在科技创新上的前沿地位。但由于所在地区本身的局限性，例如身处沙漠地区，贝尔谢巴不仅自然资源匮乏，基础设施修建难度也相对较大，而且以色列的经济中心在北方，这也导致该地区经济发展动力不足，因此，尽管贝尔谢巴一度成为以色列第四大城市，但目前已经下滑到全国第七，未来甚至可能会继续下滑至第九名。

二、到沙漠峡谷中去

贝尔谢巴市作为以色列内盖夫沙漠地区的首府，成功将沙漠地区的劣势转为经济发展的亮点，大力促进以"沙漠体验"为核心的旅游业。内盖夫沙漠占据以色列国土面积的一半以上，由于到处是沙漠，这里人烟稀少。尽管如此，内盖夫也不乏灿烂的历史文化：拥有四个联合国教科文组织认定的世界文化遗产——马萨达（Masada）、特拉贝尔谢巴（Tel Bersheva）、阿夫达特（Avdat）和希夫塔（Shivta）中的两个：特拉贝尔谢巴和阿夫达特。内盖夫沙漠还是本－古里安大学内盖大校区、本－古里安墓和本－古里安故居的所在地。此外，以农业科

内盖夫沙漠　秦吉 摄

技为核心的创新也让贝尔谢巴和内盖夫沙漠与其他城市相比，显得颇具特色。

1. 以纳泰巴文明为核心的"香料之路"

两千多年前，在美索不达米亚平原以南、红海亚喀巴湾以北的沙漠边缘，有一支富可敌国的阿拉伯商队开创了一条传奇的商路。这条商道沿着古老的朝圣路线，从埃及到麦地那和麦加，满载着香辛料、香水和熏香。这个传奇的民族是纳巴泰族，而这条贯通东方和阿拉伯半岛的商道被称作"香料之路"。香料贸易的历史十分悠久，与丝绸贸易成为古代贸易当之无愧的两大核心。早在公元前 16 世纪，古埃及就已经使用香辛料作为保存食物、制作木乃伊的原料。在希腊罗马时期，香料作为当时最贵重的商品之一，其价值几乎与黄金相当。在罗马宗教中，乳香是宗教祭祀必备之物，宗教的兴盛也令地中海沿岸对香料的需求更盛。

纳巴泰人并非这条商道上唯一的商人，但却是最具代表性的。大约在公元前 5 世纪，纳巴泰人迁移至巴勒斯坦地区。受限于早期的律法，纳巴泰人不能种树、建房和饮酒，但他们学会了修筑引水渠，解决了储水问题后，定居农业和畜牧业随之出现。其后，纳巴泰人在沙漠中修起了城堡和驿站，为穿梭于沙漠中的商队提供住宿、食物和服务。渐渐地，驿站变成了城市，商道的走向也渐渐固定。公元前 1 世纪左右，纳巴泰人靠着发达的贸易，成为欧亚大陆上最富有的民族之一。在海上贸易兴起以前，纳巴泰人掌握着绝密的货源和其他商业机密，例如各种香辛料的产地信息，也自然成为这条香料之路上的霸主。

纳巴泰人的昌盛让他们建立了一个独立的纳巴泰王国，以佩特拉为首都。公元前 1 世纪到公元 1 世纪是他们权力的顶峰，这时的纳巴泰国王统治着今天属于约旦、叙利亚和以色列的地区。但纳巴泰人以绿洲为中心的贸易网络过于松散，自然条件的限制决定了他们无法形成大规模的农业定居点，进而阻碍了这一地区人类定居点的扩大。再加上绿洲商路暴露在荒漠中，容易被攻击，公元前 3 世纪，随着罗马人的入侵，纳巴泰文明逐渐衰落。但是香料之路的价值没有消失，依然发挥着对社会、民族和文化的融合作用。

随着商道的繁荣，沿途形成了一些重要的城市，而其中最重要的四个分别是哈鲁扎、马穆谢特、阿夫达特和谢瓦塔，都在以色列境内。马姆谢特是四个城市中面积最大、留存时间最长的古城，一直延续到奥斯曼土耳其时代，这里还是定居城市。而阿夫达特最为重要，因为在佩特拉（现约旦境内）衰败后，纳巴泰人曾迁都于此。这个名字就是为了纪念纳巴泰国王阿夫达特一世。阿夫达特亲手造就了纳巴泰的盛世，被当作神一般世代供奉，最后还被安葬在这里。阿夫达特神庙就是阿夫达特古城仅存不多的纳巴泰文明时期的遗址。剩下的，几乎都是拜占庭时期的遗址。

2.《圣经》考古

别是巴遗址对于研究《圣经》时期的城市规划和《圣经》历史具有无与伦比的重要性。这个遗址位于贝尔谢巴城的东部、内盖夫地区北部。遗址保留了《圣经》时代的城市结构，城内精心规划的供水系统令人惊叹，2005 年被列入联合国教科文组织世界文化遗产名录。1969 年至 1976 年，这一地区的遗址被大片发掘。这里的遗迹是多层堆叠的，从古以色列早期到犹大国时期的防御城镇，再到波斯和罗马时代的遗址层，层层堆叠。这一地区的历史可以追溯至公元前 4000年的铜器时代。考古遗址表明，最早在公元前 12 至公元前 11 世纪，这里就已经有定居点了，包括一些用岩石凿成的住宅和一口 20 米深的水井。到公元前 11 世纪末，贝尔谢巴地区已经有稳定的、聚集型的定居点。据《圣经》记载，古以色列的第一任国王扫罗在这里建造了一座城镇，其后，大约在公元前 10 世纪，大卫王在此基础上建造了一座城池，这座城池遂成为王国南部地区的行政中心，城门上有一个四室门楼，是当时以色列典型的军事建筑。公元前 9 世纪开始，该城被重建并蓬勃发展。到公元前 8 世纪，贝尔谢巴已经成为犹大王国南部边境非常重要的城市。到公元前 701 年，日渐衰微的犹大王国被亚述帝国灭亡，特拉贝尔谢巴被摧毁，尽管不久后便被重建，但在公元前 587 年被巴比伦人再次摧毁。到 7 世纪，阿拉伯人在其遗址上修建了一座伊斯兰风格的堡垒。

在该地区的遗址中，精妙的集水系统尤其引人注目，考古工作者发现了这里的蓄水池、水井和供水船。正因为有这些考古发现，专家们得以确定，在《圣经》时代，人们已经掌握了工程知识并将其付诸实践。城外的一口深 70 米的水井是内盖夫地区最深的水井，这不由得让人想起亚伯拉罕与亚比米勒国王之间的誓约。另外，考古学家在该地区发现了一个有角的祭坛，在《旧约》中，角是具有神圣性的，如果触摸它们，就会获得强大的免疫力。

3. 大卫·本－古里安与本－古里安大学

大卫·本－古里安是犹太复国主义运动的主要领导者之一，也是以色列国的第一任总理和国防部长，被誉为"以色列国之父"。英国托管时期，本－古里安凭借杰出的领导能力，成为巴勒斯坦地区犹太社团的领袖之一，并领导建立以色列国的斗争。1948 年 5 月 14 日，本－古里安宣告以色列建国，并签署了《独立宣言》。从以色列建国开始到 1963 年期间，本－古里安担任以色列国的总理一职，在他的领导下，以色列建立了各个国家机构。本－古里安主持了多项促进国家和人口快速发展的国家项目：魔毯行动、从阿拉伯国家空运犹太人到以色列国、建造国家运水船以及发展农村和新城镇等项目。本－古里安还特别重视在边远地区，尤其是内盖夫沙漠开拓定居点，他认为内盖夫沙漠是能够为整个人类做出重大贡献的地区。在他的倡导下，内盖夫地区的中心建造了斯带博克基布兹。1973 年，本－古里安从政坛隐退后，搬到斯带博克

本－古里安故居内景　刘洪洁 摄

本－古里安墓　王敏 摄

基布兹生活，直到去世。

　　本－古里安沙漠故居位于斯带博克基布兹的南部。本－古里安和妻子保拉在这里度过了他人生最后的三年时光。在本－古里安的遗愿中，他希望能在其离世后，能够把这栋房子完整地按照其离开时的样子保留下来，也就是现在本－古里安故居所呈现的样子：整个房屋家具非常简单——一间摆满了书本的书房、一张展示了第一次中东战争之后以色列国界的1952年地图。

　　1973年12月，本－古里安因脑出血去世，与妻子保拉一起被葬在斯带博克基布兹附近的本－古里安大学内盖夫沙漠校区内。为纪念本－古里安，以色列规定每年的基斯流月的第6天，即本－古里安逝世之日为"本－古里安日"，并在本－古里安大学内盖夫沙漠校区举行纪念活动，以色列总统或总理以及一些高级政要均会参加仪式。本－古里安墓位于沙漠的悬崖边，俯瞰着壮丽的兹因溪和阿夫达特平原，背靠本－古里安大学内盖夫沙漠校区，墓地旁边是以色列阿夫达特国家公园，经常有野羚羊经过。

　　本－古里安大学成立于1969年，建校的初衷是改造以

以色列阿夫达特国家公园　王慧 摄

本－古里安大学犹太复国主义研究所前的本－古里安雕塑　　刘洪洁 摄

色列南部的内盖夫沙漠地区。这所大学以以色列首任总理大卫·本－古里安的名字命名，致力于实现本－古里安的愿景，即让农业、科学、技术和创新在沙漠遍地开花。本－古里安大学有三个校区，分别在：贝尔谢巴、斯带博克（内盖夫沙漠）和埃拉特。这所学校因其对学生的友好态度而受到来自以色列国内外学生的热爱。本－古里安大学内盖夫沙漠校区作为一所野战学校，始建于 1962 年，其灵感来自本－古里安的愿景，即在干旱的内盖夫沙漠发展繁荣的犹太文化。沙漠校区有几个重点研究所：雅各布·布劳斯坦沙漠研究所、本－古里安以色列和犹太复国主义研究所、国家生物技术研究所等，在全国农业技术、太阳能技术利用领域以及犹太文化研究方面起到领导性作用。

4. 以色列航空博物馆

以色列航空博物馆位于哈泽林空军基地附近，是以色列乃至全世界最好的航空博物馆之一。这家博物馆的藏品包括 120 多架飞机，既有从二战时期到第一次中东战争时期的飞机，也有一些现役飞机。展品类型多样，既有直升机、民用机，也有战斗机，其中包括一架在第一次中东战争中使用的喷火战斗机和从叙利亚、伊拉克缴获的米格战斗机、喷射战斗机和攻击直升机。1977 年，博物馆成立，但直到 1991 年才对游客开放。从逾越节到住棚节之间的这段时间，这些旧飞机会被开上天空进行展示，一些以色列现役飞机也会在地面进行展览。目前，以色列政府正在酝酿扩建这座博物馆。

以色列空军博物馆战斗机展品[1]

三、骆驼背上的民族——贝都因部落

贝都因的词源为阿拉伯语"Badawi"，意为"沙漠定居者"。以色列境内的贝都因人属于阿拉伯人的一支，被称为以色列"少数民族中的少数民族"，长期过着以游牧为主的前现代生活。1948 年以色列国建立后，隶属于 19 个贝都因部落的大约 1.1 万贝都因阿拉伯人留在了以色列。在 20 世纪 50 年代早期，以色列政府迫使内盖夫南部和西部的 11 个贝都因部落转移到内盖夫北部一块被称为"斯雅戈"的封闭区域，融入已在此居住的 8 个贝都因部落中。目前，以色列有 19 万贝都因人，其中约 60% 住在内盖夫沙漠一些较为落后的城镇，另外 40% 的贝都因人生活在一些未被以色列政府认可的村庄中。

以色列贝都因人的生活条件相对落后。他们主要居住在落后的沙漠地区，生活的房屋主要是木头搭建的帐篷，缺乏自来水、电、便利的交通以及应有的教育、保健和社会福利等，常常需要面临房屋拆迁、植被遭破坏以及流离失所的问题。以色列贝都因人整体过着一种落后

---

① 图片来自：https://magdeleine.co/browsel。

贝都因人和骆驼　邓伟 摄

于现代社会的生活，例如男女不平等问题严重，尽管现在越来越多的年轻贝都因女性可以走进大学接受高等教育，但是她们回到贝都因部落后，依然需要遵守传统规定。落后的传统文化与现代性之间的拉锯在贝都因部落中有着明显的体现，而这种紧张不仅会持续下去，在未来有可能会进一步加剧。

以色列贝都因人作为以色列内盖夫沙漠的原住民，其原住民话语权长期以来遭到以色列官方的忽视，因而以色列贝都因人积极寻求这一权利得到承认的机会，但却并未成功。20 世纪 90 年代以来，随着促进和保障原住民权利的国际组织机构相继出现，多元文化主义加剧

贝都因部落外部　邵然 摄

了以色列的社会分裂，以色列知识精英不断批判犹太复国主义的霸权政治，非政府组织大量涌现，公民社会中的不平等现象日益引起关注，以色列贝都因人话语权问题终于得到国际社会的关注，但这一问题目前并未得到彻底的解决。对于以色列政府来

贝都因部落房屋内部 邓伟 摄

说，承认贝都因人的这一权利，意味着承认犹太复国主义运动某种程度上是一种殖民运动，这无疑是以色列政府不能接受的。与此同时，贝都因人也绝不会放弃对其原住民话语权的申诉，结果只能导致贝都因人与以色列政府之间张力的加剧，进一步导致以色列社会民族裂隙的扩大。

四、流着奶与"枣蜜"的地方

《圣经》将以色列称为"流着奶与蜜之地"，而实际上，这里的自然条件恶劣，并非想象中的富足之地。据犹太历史可知，在亚伯拉罕时代，犹太民族是一个游牧民族，放养羊群，那么这里的奶，极有可能是羊奶。但蜜从何而来？其实，这里的蜜并非蜂蜜，而是枣，椰枣的甜可与蜂蜜媲美。据《利未记》，以色列人在住棚节期间携带椰枣树枝。

椰枣是被祝福的七种犹太食物之一，也是所罗门王招待贵宾的必备食物，现在更是以色列国家运动员指定的食物之一。以色列椰枣富含维生素、矿物质、营养素和纤维，被认为是古地中海地区最重要的食物之一。历史学家们说，几千年前，加利利海到死海的圣地区域都被椰枣树林覆盖着。椰枣树木和它们的果实满足了该地区人们的许多需要。有些人将枣汁发酵成酒，也有人将树干的木材用于建筑。

人们很少吃新鲜的椰枣，更偏爱晒干后的椰枣蜜饯 刘洪吉 摄

　　以色列国内商店到处都有椰枣售卖，但由于以色列国自然条件的限制，能够种植椰枣的地方并不多，然而，南部内盖夫沙漠却是以色列椰枣的主要生产地之一。尽管椰枣在中东、非洲以及美国西部都可生产，但只有以色列才能孕育出顶级的椰枣品种。在沙漠地区生活的人看来，椰枣是"生命之源"，被称为"沙漠里的黄金"。游牧于沙漠的贝都因人认为椰枣与骆驼同样重要，只靠喝水和吃椰枣，就能满足身体所需要的所有营养。几乎每个以色列家庭都备有椰枣，椰枣不仅供日常食用，也会在有客人来访时被摆出来作为招待品。

六

犹太复国主义之城：
紫色的里雄莱锡安

里雄莱锡安是以色列第四大城市，也是一个在犹太复国主义运动推动下发展而来的典型城市。这座城市由19世纪80年代自东欧而来的犹太移民建立，与特拉维夫的建城先驱们打造一座现代化都市的理念不同，里雄莱锡安的创建者们试图通过农业的渠道来发展这个定居点。受此理念影响，里雄莱锡安的农业，尤其是葡萄种植业发展繁荣，并由此孕育出世界闻名的葡萄酒产业。犹太先驱将自身的开拓、勇敢、吃苦耐劳的精神赋予这座城市，不仅收获劳动的果实，也催生了"田野之花"——以色列的国歌和国旗。今天，作为一座现代化都市，里雄莱锡安没有忘记历史，而是将记忆用博物馆的形式呈现出来，并在此基础之上，推动城市现代艺术和文化的发展。

一、先驱者的抉择

里雄莱锡安（简称"里雄"）为希伯来语"Rishon LeZion"的音译，不像其他以色列城市的名称那样有多种解释或者争论，里雄莱锡安一名毫无疑问地取自《圣经》的《以赛亚书》（第四十一章第二十七节）："我首先对锡安说：'看哪！我要将一位报好信息的人赐给耶路撒冷。'"

19世纪80年代，第一次阿利亚运动开始，一个个犹太定居点在巴勒斯坦地区被建立起来。尽管规模不算大，但定居点数量惊人。在第一批被建立起来的犹太定居点中，有两个定居点在日后成长为大城市，并分别代表了犹太复国主义者关于构建巴勒斯坦地的两种空间塑造：城市和乡村。在城市环境下成长起来的特拉维夫，很快便成长为一座现代化都市。而里雄与特拉维夫在地理位置、自然条件以及文化基础上有很大差异，尽管早于特拉维夫诞生，却晚于特拉维夫成为以色列城市。

里雄莱锡安位于特拉维夫以南 8 千米处，是一座隶属以色列中部行政区的沿海城市。1950 年，以色列建国的第 3 年，里雄被升级为城市。当时的人口为 1.8 万人。此后，其人口继续迅速增加，到 1970 年达到 46500。到 90 年代中期，里雄的人口约 15.4 万，2021 年约 26 万，使其成为以色列第四大城市。因其发展迅速，里雄被看作以色列成长最快的城市。然而，大众的视线却总是忽略这座城市，也许是因为以色列国土太小，而耶路撒冷、特拉维夫、海法，甚至占地面积广泛的内盖夫地区光芒过剩，遮住了这座最具犹太复国主义文化色彩的城市。

里雄建立的背景是俄国不断兴起的反犹浪潮。19 世纪 80 年代，俄国爆发反犹主义浪潮，大量的犹太人选择移民他国，以逃脱迫害。在这次反犹浪潮中，约有 200 万犹太人出逃，其中大部分人前往北美（美国和加拿大），而另有一小部分人，约 20 万人，决心回到奥斯曼帝国统治下的巴勒斯坦地区，并在这里开辟一片天地。

实际上，这是抉择后的结果：是回到巴勒斯坦地区——这片犹太人魂牵梦绕的迦南之地？还是前往一个未知的、但已经被证实是黄金之地的、有着美好未来的美国？在卡尔·内特看来，大规模移民巴勒斯坦地区不可取。卡尔是以色列大学联盟的领导人之一，领导建立了巴勒斯坦地区第一所犹太农业学校——米克夫以色列。1882 年，卡尔在《犹太编年史》上发表了《俄罗斯和罗马尼亚犹太人对巴勒斯坦的殖民可取吗？》一文。在卡尔看来，大规模移民以色列的行为，将会给以色列带来前所未有的灾难。卡尔的这篇文章在俄国引起极大反响与热议，但这并不是一个新问题。早在几十年前，俄国犹太人就已经对此发表了看法，包括世界语的发明者柴门霍普博士、年轻的历史学家杜布诺夫，甚至还有未来的犹太复国主义领导人之一的索科洛夫，都对移居巴勒斯坦地区表示怀疑。那时许多人赞同卡尔的观点，这不足为奇。需要说明的是，不愿移民巴勒斯坦地区的人并不是讨厌这片土地，只是从现实情况出发，认为巴勒斯坦地区无法解决俄国犹太人面临的生存问题。

然而，也有人表示强烈的反对，扎尔曼·大卫·列文丁就是其中之一。扎尔曼是一位备受崇敬的俄国犹太富商，并且对犹太复国主义运动抱有极大的热情。扎尔曼对卡尔的文章非常感兴趣，但他坚决反对卡尔的观点，认为其对于在以色列地进行农业定居所面对的困难的评估过于消极。扎尔曼坚信以色列地有能力吸收大量的移民，只要有足够的资金和有组织的移民，以色列地将产生奇迹。扎尔曼激情地写道，"只有我们父辈的土地才能解决犹太问题，才能拯救成千上万个饥饿的人"。

1880 年，扎尔曼已意识到犹太人只有逃离俄国才能活下去，将犹太人重新安置在以色列故土的想法在他的心中酝酿。但没有组织的移民只会带来混乱，因此扎尔曼的移民计划是有步骤和有计划的。一年以后，又一次的反犹风暴后，扎尔曼开始践行自己的想法。他将愿意移居以色列地的家庭组织在一起，有纪律地移民巴勒斯坦地区。1882 年，扎尔曼在雅法成立了巴勒斯坦地区的第一个移民组织——"第一批先驱委员会"，并担任领导者。该组织旨在协助建立新的定居点，尤其是进行土地购买［在他看来是一种赎回（Geulat Adama）］，这是犹太复国主义者在巴勒斯坦地区建立定居点的主要方式之一，即通过购买的方式把以色列的土地赎回给它的"合法所有者"。

然而，里雄建设之路困难重重。

呼吁海外犹太人捐款以购买土地的海报　　　　　　　　　徐新 提供

建立定居点的第一步是解决土地问题。奥斯曼政府断然不会将土地赠予犹太人，那么购买土地就成了最有效的方式，但同样遭到奥斯曼政府的阻碍。奥斯曼政府怀疑这些新来的人，认为他们是威胁其国家安全的潜在力量，因此给他们设置了许多障碍。当局发布命令禁止俄国犹太人潜入巴勒斯坦地区和在那里购买土地。不过，这些禁令经常因犹太人略施小计而不起作用，例如俄国犹太人以西欧犹太人的名义购买和登记土地，或是给地方行政机构官员小费。一些居民区因此而被建立起来，但这总归非长久之计。此外，这些新到达的移民还要面临来自当地犹太人的敌意，已经生活在巴勒斯坦地区的犹太人将其作为强有力的竞争者以及会给自身带来麻烦的人，不仅不予接纳，甚至向当局告发移民的一些不合规行为。

为寻找合适的土地，扎尔曼骑着马、背着枪，对巴勒斯坦地区进行了整体考察。兹维·列文丁是扎尔曼的叔叔，应侄子扎尔曼的要求，他购买土地、提供资金，而约瑟夫·纳文则协助其寻找可购买的土地。尽管困难重重，但三人成功购买了未来犹太村镇一半以上的土地，包括日后建立里雄的阿云卡拉地区，为更多的人加入犹太复国主义运动提供了可能。1882年7月31日，在扎尔曼的领导下，最初的犹太移民一起建立了里雄莱锡安，巴勒斯坦地区的第一个犹太复国主义定居点诞生了。之后，又有17个俄国犹太家庭踏上了里雄莱锡安的土地。

扎尔曼领导建立里雄莱锡安的背后，是19世纪在俄国早已风起云涌的犹太争取平权运动和暗流涌动的犹太复国主义运动。利奥·平斯克是这两种运动和思想的集大成者。起初，平斯克坚信，如果犹太人获得平等权利，犹太人问题就可以被解决，然而1881年俄国反犹暴动的爆发，使得平斯克的思想发生了激烈转变。平斯克意识到反犹主义是一种无法清除的东西，犹太人在异乡他国永远是不被相容的外国人。在他看来，解决犹太问题的最佳途径是犹太人寻求自我解放，俄国犹太人需要移居国外，然而没有一个国家愿意敞开大门接收大量的犹太人，因此，犹太人需要有一个自己的中心地，那就是以色列故土——巴勒斯坦地区。平斯克的思想与一些愿意回归以色列地的犹太人不谋而合。1881年至1882年间，一系列旨在促进犹太人移民巴勒

斯坦的协会在俄国的几个城市中成立，并在 1884 年被平斯克合并为一个组织——"锡安之爱"（Hovevei Zion），为移民巴勒斯坦地区的实践提供协助。扎尔曼作为该组织的领导者之一，领导其他成员前往巴勒斯坦地区建立农业定居点——莫沙瓦。

　　另一个值得注意的团体是来自比卢运动的成员。在 19 世纪 80 年代初建立的组织中，有一些是由激进的学生组成。受民粹主义的影响，学生中的一些人把移居国外看得十

里雄莱锡安的图徽　王慧 提供

分重要。在这些组织中，有一个组织活动能力最强，该组织于 1881 年由哈尔科夫的大学生和中学生组成，自称"比卢"（意为"来吧，雅各家的人啊！我们在耶和华的光明中行走"）。1882 年 7 月 6 日，这批由以色列·贝尔金德领导的 14 名"比卢"成员，加入锡安之爱，一起进行里雄莱锡安的建设。

【知识扩展】

　　扎尔曼·大卫·列文丁出生于俄罗斯，被认为是第一批产生回归以色列地意识的人之一。扎尔曼不仅是里雄的创建者之一，还是锡安之爱组织的成员之一。扎尔曼有着敏锐的金融意识，在里雄建立以后，他向锡安之爱的领导人写了一份备忘录，建议以色列地建立一家银行。扎尔曼与西奥多·赫茨尔熟识，也是最早加入世界犹太复国主义组织的人之一，并参加了第一届犹太复国主义大会。扎尔曼关于成立以色列地银行的想法得到了赫茨尔的认可，赫茨尔邀请他加入"犹太殖民银行"的管理。该银行在伦敦成立，旨在为犹太复国主义运动提供资金。与此同时，在扎尔曼的坚持下，以色列地成立了盎格鲁—巴勒斯坦公司银行，在以色列地开展金融业务，扎尔曼成为第一任经理。此外，

扎尔曼·大卫·列文丁　王慧 提供

扎尔曼对里雄公共空间的构建起到十分重要的作用。扎尔曼在里雄建造了第一个犹太会堂，并且十分重视在定居点创建学校以实行教育。第一次世界大战期间，扎尔曼冒险前往伦敦和巴黎为犹太移民筹集资金，帮助许多的犹太难民。1918 年回到以色列地后，他又做出了许多重要贡献，其中一项是在特拉维夫建造大犹太会堂。由于扎尔曼对以色列国和里雄莱锡安的杰出贡献，80 岁高龄时，他被授予里雄莱锡安的"荣誉公民"的称号，并且还以他的名字命名了一条道路。

艾萨克·莱布·戈德堡，里雄莱锡安的创建者之一，亦是俄国和以色列的犹太复国主义领袖之一。戈德堡是锡安之爱最早的一批成员之一，为犹太复国主义做出了巨大贡献。戈德堡作为维尔纽斯的犹太复国主义代表，参加了第一届犹太复国主义大会，并且参与了吉乌拉公司的建立，负责以色列犹太定居点的葡萄酒销售。1908 年，戈德堡在耶路撒冷购买了一块土地，这块土地日后成为希伯来大学的诞生之处。戈德堡还是以色列《国土报》的创始人之一，为其提供经济支持。戈德堡也非常关注希伯来语的发展，他用一半资产创建了一个犹太基金，用于促进以色列的希伯来文化和希伯来语的发展。

二、开拓者与葡萄酒文化

里雄还是一座具有开拓精神的城市。最初的移民到达巴勒斯坦地区后，没看到心中的"流着奶与蜜之地"，只看到一片未经开垦的处女地。极度艰难的条件吓退了许多人，他们有的回到了俄国，有的前往美国，剩下的一小部分人还在坚持，然而正是为数不多留下来的人成了里雄的创建者。

很快，里雄的定居者遇到了第一个困难。在扎尔曼与他的伙伴买下这片土地后，第一批由16个人组成的移民到达这里。开拓者满怀壮志，要在这里通过劳作获得果实，但事实很残酷，这些移民缺乏农业经验，也没有足够的资金等到农田丰收。移民之间很快出现分歧，富裕的犹太人不愿帮助穷者。以色列·费恩贝格只好向国外寻求帮助，经人引荐，他见到了埃德蒙·罗斯柴尔德——一位日后让里雄莱锡安起死回生的人物。依靠着罗斯柴尔德的巨额资金援助，里雄度过了这场农业危机。

用马作为农业生产工具的犹太农民　徐新　提供

罗斯柴尔德家族是赫赫有名的犹太人，埃德蒙·罗斯柴尔德是其在法国的成员。埃德蒙是一名银行家、慈善家和收藏家，还是一名坚定的犹太复国主义支持者。在里雄建立之前，埃德蒙的身影便已出现在巴勒斯坦地区，正是他提供的资金与帮助实现了大量土地的"赎回"。因此，埃德蒙·罗斯柴尔德男爵"为犹太人慷慨解囊"的行为早已名声在外。但埃德蒙对于费恩贝格的求助有些犹豫——这片土地的状况实在不容乐观，这些移民也缺乏农业耕作的经验。幸运的是，有一个人——卡尔·内特，那位曾对犹太人移民巴勒斯坦地区不抱乐观期待

克服早期农业生产困难的犹太移民很快便开始使用机械
农具进行耕作，这大大提高了生产效率。 徐新 提供

的人，推动男爵转变了态度。内特来到定居点，见到了这里的居民——充满激情的"比卢"成员，被他们的先驱精神所感动。内特答应给这些开拓者在农校建造房子，提高其工资，并分配土地给他们，然而，一场突如其来的疾病夺取了内特的生命。不幸中的万幸是，他在去世前，曾写信给男爵，夸奖了比卢社团，提出了帮助他们的具体措施。正是这封信，扭转了局面，使埃德蒙愿意给里雄提供帮助。

此后，里雄的发展与罗斯柴尔德密不可分。埃德蒙的援助主要涉及两方面的内容：其一，提供资金帮助定居者解决生存问题。其二，在里雄发展葡萄种植业。罗斯柴尔德对里雄的未来发展有自己的想法，在审查了里雄的农业发展计划后，他希望在这里种满葡萄，认为发展葡萄酒产业具有极大的经济潜力。与此同时，罗斯柴尔德发现里雄地区沙石满布，缺乏水资源，于是找来钻井取水专家，解决了这一问题。但更重要的问题是这些犹太移民缺乏相关的农业知识，没有任何农业经验。于是罗斯柴尔德将他们送到米克夫以色列农业学校，进行农业技术的培训。

在罗斯柴尔德的巨额资助下，里雄开始尝试葡萄种植业，葡萄酒产业随之得到发展。1886 年，罗斯柴尔德成立了第一家葡萄酒厂——卡梅尔·米兹拉希酒厂，经济因此被带动起来。到 20 世纪初，第二次阿利亚运动开始时，里雄定居点已经初具规模。首先是形成了独立的村庄管理机构，村庄此前由罗斯柴尔德办公室管理，现在回归犹太殖民协会。经济条件也逐渐得到改善，葡萄种植业在里雄占据中心地位，葡萄酒产业也得到了长足发展，大型酿酒厂有条不紊地发展着。20 世纪初，在柑橘种植量逐渐扩大时，里雄已经成为特拉维夫南部的莫沙瓦的葡萄种植中心。正因为罗斯柴尔德的援助，包括里雄在内的数个莫沙瓦得以留存并得到发展，人们亲切地将罗斯柴尔德称为"莫沙瓦教父"。在里雄的老城区，有一座为纪念埃德蒙·罗斯柴尔德而以其名字命名的"罗斯柴尔德购物中心"商业大厦，该中心现在是这座城市的三大购物中心之一。

卡梅尔酒厂标志　王慧　提供

　　里雄市的葡萄酒文化繁盛。卡梅尔酒厂是以色列国第一个葡萄酒厂，历史最悠久，也是规模最大的酿酒厂，占据以色列市场近一半的份额，其产品出口到40多个国家。以色列第一任总理大卫·本－古里安和他的继任者列维·埃什科尔曾先后在这家酒厂工作的历史，更是给其增添了一些传奇色彩。里雄是

卡梅尔酒厂　旧式葡萄酒生产坊　徐新　提供

卡梅尔酒厂 新式生产厂 徐新 提供

这家酒厂的总部和最大的两个分部之一的所在地。卡梅尔酒厂的特色是葡萄酒、白兰地和葡萄汁。里雄一年一度的葡萄酒节十分有名，在每年9月底到10月初的住棚节期间，会在老城区的酒厂举办，参与者有机会品尝到卡梅尔酒厂的顶级葡萄酒，参观葡萄园和酒窖。此外，参与者还可欣赏到国际性的舞蹈和音乐表演。

三、"萨布拉"：成为新犹太人

里雄莱锡安有着璀璨的体育文化。在手球、国际象棋、足球和篮球方面取得过不菲的成就。在手球比赛方面，里雄莱锡安的两支球队——夏普尔和马卡比球队在以色列国内占据主宰地位，尤其是夏普尔球队，连续多次获得国内冠军。马卡比球队是其主要的竞争对手，也曾获得冠军头衔。手球运动也风靡于里雄的高中校园，阿密特阿马尔高中手球队甚至多次获得世界冠军。在国际象棋方面，里雄莱锡安国际象棋俱乐部是以色列高级俱乐部，在女子联赛和青少年象棋俱乐部中处于领先地位，培养了不少以色列象棋大师，例如以色列的特级象棋大师鲍里斯·奥特曼和前世界冠军加里·卡斯帕罗夫等。在足球方面，里雄有可容纳6000人的哈伯菲尔德体育场，里雄莱锡安夏普尔球队的比赛曾在这里举行。里雄莱锡安夏普尔俱乐部是里雄主要的足球俱乐部，曾多次参加国内和国际比赛，取得傲人成绩。里雄每年举办篮球比赛，里雄莱锡安马卡比篮球队是以色列篮球超级联赛的长期成员，是以色列最受欢迎的篮球队之一。

　　里雄的体育精神根植于19世纪末的犹太身体运动。传统犹太人对体育运动是极其排斥的，第二圣殿时期马卡比起义的导火索很大程度上是为了反对作为希腊生活方式的健身运动。19世纪下半叶至20世纪初，健身文化运动在欧洲各地兴起。古典时期的希腊男性身体被视为现代人身体的理想类型——充满阳刚、健壮、力量等外在美感的形象，犹太人却被当作反面类型——缺乏美感，虚弱和病态的，缺少男性阳刚气概。欧洲人对于犹太人形象的这种负面印象成为其反犹主义的催化剂。19世纪末，为摆脱这种形象以及实现民族自救，犹太民族主义者主张通过改变欧洲犹太人的身体素质，来寻求犹太人问题的解决方法。早期犹太民族主义者利奥·平斯克指出，脱离土地导致犹太人沦为"犹太幽灵"，正是因为犹太人没有组织、没有土地以及其他联系，虽然不够活跃，但却活在人群中间，从而给各民族留下了奇怪而独特的印象。马克思·诺尔道认为，长期生活在犹太隔都里，使得犹太人变得心理不健全，四肢发育不良。犹太人长期生活在城市中，并且从事一些非生产性行业，极少从事农业，这种不健康的职业结构导致犹太人成为依靠他人劳动为生的"寄生虫"……

　　为了改变犹太人身体的负面形象，克服犹太身体走向退化的焦虑，犹太思想界开始出现关于新犹太人的构想。具体来说，这种构想将使犹太人从非生产性的城市中产阶级转变成扎根故土的体力劳动者，以塑造一种新型犹太人：一种用强壮、勇敢的双手开垦大地的皮肤黝黑的人，从而代替脆弱、苍白、畏缩的东欧城市居民。受欧洲普遍的健身运动之风和诺尔道等人的号召，流散地的犹太人开始成立一些健身组织。1898年，"柏林巴尔·科赫巴健身协会"成立，两年后该协会创办刊物《犹太健身运动》，致力于推广犹太健身运动。犹太杂志《东方与西方》呼吁："犹太健身运动可以实现种族优化的目标。它将有助于强健身体、增强意志以及犹太民族的复兴。"1903年，第六届犹太复国主义大会成立了"犹太健身协会"。很快，这股健身之风随移民到达巴勒斯坦地区，1906 年，利奥·科恩在雅法创立"里雄·莱锡安健身协会"，后来更名为"特拉维夫马卡比协会"。包括里雄在内，各类俱乐部遍布巴勒斯坦地区的定居点。

1931，《每日邮报》的一篇文章《我们都是萨布拉的叶子！》首次使用"萨布拉"（sabra）来指代"土生土长的犹太人"群体。"萨布拉"原意为沙漠中坚硬多刺的沙漠植物——仙人掌。它一经使用就被迅速接受，变成"新犹太人"的形象隐喻。在构建现代以色列国家的过程中，犹太民族主义者经常借用一些植物、动物或者特定的身体意象，物化民族的身体形象。"萨布拉"体现了犹太人顽强、不拘一格、强壮的新形象。正是在这股犹太健身的潮流中，里雄的体育文化得到了长足的发展，而那些曾被认为是懦弱的代名词的犹太人，现在已经成为像"萨布拉"一样的新型犹太人，里雄的体育精神成为一种类似基因的存在，并对现在的体育文化有着极大的鼓舞。

四、大卫星与以色列的"希望之歌"

国旗是国家的象征和标志，代表着国家的主权和民族尊严，是国家的历史传统和民族精神的体现。里雄是以色列国旗雏形诞生的摇篮。1885 年，生活在里雄定居点的范妮·阿布拉莫维奇设计了今以色列国旗的雏形。1885 年，在里雄农业定居点成立三周年的庆祝会上，一面由以色列·贝尔金德和范妮·阿布拉莫维奇设计的蓝白相间的旗帜首次被使用，该旗帜利用传统的犹太祈祷披巾上蓝白条纹的图案，并在中间的白块上绣了一大颗蓝色大卫星。1891 年，纳查拉特鲁文定居点的创始人迈克尔·哈尔佩林悬挂了一面类似的蓝白色旗帜，上面有蓝色的大卫星和希伯来文字：锡安的旗帜（הנוית זס）。同年，波士顿本尼锡安教育协会升起了一面与以色列目前国旗相同的旗帜，但上面有题词：马卡比。1897 年，第一届犹太复国主义大会上，领导人戴维·沃尔夫森提出设计一面犹太复国主义旗帜。在第一届犹太复国主义大会召开后的第 25 年，沃尔夫森这样回忆道：

　　"根据领导人赫茨尔的指令，我前往巴塞尔做大会的准备工作——但这时我面临一个问题——一个不那么突出、但远非容易解决的问题——一个涉及希伯来犹太人的大问题：我们应该用什么旗帜来装饰会议大厅？它的颜色是什么？……突然，一个念头闯入我的脑海：我们应该有一面蓝白相间的旗帜，以塔利特（祈祷披巾）为底，因为它是犹太人祈祷的象征，我们要在旗帜上面加上大卫王的大卫盾——犹太之星。"

　　正是在这次大会上，赫兹尔提出了旗帜问题。根据沃尔夫森提出的设计，犹太复国主义运动旗帜的样式得以确定：蓝白条纹做底，在白色条纹上印有金色的大卫星，六个角各有一个六角星，顶部是第七颗，正中心有一个狮子形图像。西奥多·赫茨尔借用七颗星来表达更加平等的社会应该是七小时工作制。

犹太复国主义运动旗帜　王慧 提供

　　1948年，以色列建国后，确定国旗被提上了日程。以色列临时国务委员会建议面朝以色列民众进行征集，经过六个月的审议后，10月28日，委员会建议使用犹太复国主义旗帜作为国旗，但对其有所调整：简化金色的带有七颗星和狮子像的大卫星，代之以蓝色的大卫星。

　　以色列国旗蕴含着深厚的犹太精神。旗帜上的六角图形一般被称为大卫星（又

以色列国旗　王慧 提供

被称为大卫盾牌、犹太之星等），尽管这个六角形的几何图形在许多文化中都很常见，但对于犹太人来说，这个六角形是一个古老的象征，中世纪的神秘主义家描述过关于大卫王盾牌拥有神秘力量的传说，例如犹太国王在战争中拯救了以色列人。大卫星最早被犹太印刷商用于横幅上，作为标志使用，也被使用在希伯来出版物的扉页上。大卫星也是许多犹太会堂的标志，它最早被使用是在 17 世纪的布拉格，后传播到摩拉维亚和奥地利。有学者认为，这一标志的传播动力来自犹太教对基督教的模仿，犹太人希望能在犹太会堂的顶部使用一些在文化上与十字架相似的象征性符号。19 世纪，大卫星标志的使用进一步扩展，成为一些犹太仪式用品、犹太会堂等的装饰标志，大卫星逐渐成为犹太教和犹太复国主义的象征。

蓝白相间的条纹源于犹太的祈祷披肩。犹太男性在祈祷时常要披上一条白色的披肩，根据《圣经》，传统披肩的边缘需要加上流苏和一根穗子。现代披肩与传统披肩完全不同，这是因为犹太人自流散以来，逐渐受到居住地文化的影响，披肩的设计发生了变化。但所有流散地的犹太人都遵守《圣经》的另一条规则：犹太披肩上至少要包括一种被称为"特查勒特"（tchelet）的颜色，在希伯来语中，这个词意为浅蓝色。

以色列国旗的设计反映了犹太教文化，大卫星表现了以色列人的团结，而浅蓝色条纹和白色的背景则意味着遵循希伯来《圣经》戒律。而国旗更深远的意义在于宣告一个独立的犹太国家的诞生。

与国旗对一个国家的象征意义一样，国歌同样是国家文化和民族历史的表达。音乐在希伯来文化中有着相当重要的地位，在犹太仪式中，从吹奏羊角号到吟诵祈祷词，音乐作为一种重要的祷告方式被使用。美国犹太拉比施洛莫·卡莱巴赫是美国著名的犹太作家和歌唱家，被誉为"歌唱的拉比"（the singing rabbi）。卡莱巴赫认为上帝造万物是以歌唱的方式，而非简单地说出"要有光、要有鱼、要有人"。音乐也被犹太人看作能够鼓舞人心、传播希伯来语和发扬民族精神的工具。

以色列的国歌诞生于里雄的田野之上。1882 年，加利西亚诗人纳夫塔里·赫尔茨·伊姆贝尔移民到以色列地，并向里雄、雷霍沃特和盖代拉等定居点的移民朗诵自己的诗——《我们的希望》。这首诗原作于 1876 年，是伊姆贝尔为表达自己对以色列地的第一个犹太复国主义定居点——佩塔提克瓦的感受而作的九节诗。一位同是里雄的年轻居民而有着音乐知识背景的萨缪尔·寇恩，默默地注意到了这一情况。在目睹犹太农民们听到这首诗表现出的共情后，寇恩用罗马尼亚音乐旋律将这首诗改变为一首歌曲。正是寇恩的音乐改编所产生的催化作用，使这首歌在以色列地的犹太复国主义定居点被迅速传唱开来。

田边载歌载舞的人们。也许，音乐正如基因一般刻在犹太人的身体里，支撑他们度过艰难岁月。　　　　　　　　　　　　　　　　　　　　　　　　徐新 提供

犹太复国主义者曾举办两次歌曲比赛，希望能遴选出可作为国歌的作品。然而，两次比赛的结果不尽如人意。伊姆贝尔的这首改编诗歌却意外受到民众欢迎，犹太复国主义领导者也注意到这一现象，认为《我们的希望》非常契合犹太复国主义的主题。1901 年，在第五届犹太复国主义代表大会上，《我们的希望》被作为结尾歌曲进行演唱。

1903 年，第六届犹太复国主义代表大会上，一些反对在乌干达建国的犹太复国主义者用这首歌表达自己的政治立场：在巴勒斯坦地区建立犹太家园。诗中"一只眼睛仍然注视着锡安"表达了他们的态度。此后，在历届犹太复国主义代表大会上，这首歌都被演唱，但一直未被给予正式地位。1933 年，在布拉格举办的第十八届犹太复国主义代表大会通过决议，正式将《希望》作为犹太复国主义运动的演唱歌曲。

《希望》正如其名那样，给犹太人带来了希望，也因此遭到了反对。巴勒斯坦地区的阿拉伯人非常讨厌这首歌曲，反犹活动不断加剧。为此，英国托管当局发布命令，短暂地禁止公开表演和广播《希望》。《希望》也传到其他国家，给予在流散地遭受苦难的犹太人希望。

以色列建国时，《希望》被非正式地宣布为国歌。直到 2004 年，《希望》才被正式定为以色列国歌。该作品迟迟未能被确立为国歌的原因是国内不同势力无法就这首歌形成统一意见，犹太极端正统派认为这首歌的歌词忽略上帝，而以色列的阿拉伯人却谴责这首歌过于凸显犹太元素却忽略阿拉伯文化。2004 年 11 月，以色列议会正式批准《希望》为以色列国歌。

在多年的发展中，不论是曲还是词，《希望》均经历了数次的修改，才成为现在以色列国歌的版本。《希望》的歌词节选自诗歌《我们的希望》的第一节：

> 只要在心底里
> 还有一个犹太灵魂在渴望
> 向前向着东方
> 还有眼睛望着锡安
> 我们的希望还未破灭
> 两千年的古老希望
> 成为自由的人们，在我们的土地上
> 在锡安之地和耶路撒冷
> ……

其余诗节的主题是在以色列土地上
建立一个拥有主权和自由的国家，犹太
复国主义者认为，随着以色列建国，这
一希望已经被实现。

整首歌的调子悲怆、哀伤，但歌词
又充满了希望，与犹太历史十分契合。
尽管公元 70 年经常被看作犹太人大流
散的开端，然而在此之前，犹太人已经
遭受两次大的迫害，史称"亚述之囚"
和"巴比伦之囚"。此后，从罗马帝国
时期到中世纪再到当代，反犹主义一直
萦绕在犹太人的身边。犹太人的流散史
是一部悲伤史，正是一次次的反犹浪潮，

纳夫塔里·赫尔茨·伊姆贝尔
王慧 提供

推动了犹太复国主义运动和以色列国的诞生。对于"流着奶与蜜"的
迦南之地，流散地的犹太人怀着希望与憧憬，正如《希望》的歌词，
心底的犹太之魂向着东方，满怀希望！

五、城市记忆与文化积淀

里雄是以色列定居点发展史的最佳载体。里雄莱锡安博物馆坐落
于里雄市中心，是游客窥探第一代到达里雄定居点的犹太移民生活和
事迹的最佳场所。博物馆建在里雄创建人故居的位置，这里是里雄的
起点，象征着以色列国的基础。博物馆的展览以老莫沙瓦的景象为背
景，强调了莫沙瓦对于以色列建国的重要意义：国旗、国歌、希伯来
语复兴、第一所希伯来学校等。这座博物馆陈列了 2000 多件展品，
类型包括移民先驱们所使用的农具、日用品、艺术作品等。

"敞开的门"石碑是里雄莱锡安与大屠杀历史关系的一个切面。
二战期间，随着纽伦堡种族法等反犹政策愈演愈烈，许多犹太人从奥
地利和德国逃往他国。而美英等国却见而不救，关上了移民的大门，
因此成千上万的犹太人逃往中国上海、多米尼加共和国的索萨和马尼

"敞开的门"①

拉等地。1937年到1941年，大约1200名欧洲犹太人逃往菲律宾，得以逃离纳粹的魔掌。做出接收犹太难民这一伟大决策的是当时菲律宾联邦第一任总统曼努埃尔·奎松。尽管当时的菲律宾也身陷囹圄，但却对犹太人伸出援手。2009年，里雄莱锡安的大屠杀遇难者纪念公园竖立了一座纪念菲律宾拯救犹太难民的纪念碑。这座纪念碑的形状像三扇敞开的门，以表达犹太人对菲律宾人民及其总统在大屠杀期间接纳犹太难民的善举的感激。

　　阿加姆博物馆是里雄现代艺术文化蓬勃发展的一面镜子。阿加姆博物馆位于基里亚特里雄大楼里，展示了世界著名艺术家雅科夫·阿加姆的作品，每年数以万计的游客来参观这座博物馆。阿加姆出生于里雄莱锡安，是以色列著名雕塑家和实验艺术家，在光学和动力学艺术领域做出了巨大贡献。现在特拉维夫迪岑哥夫广场前的著名艺术作品——"冰与火"，就是阿加姆的创作。

---

① 图片来自：https://magdeleine.co/browsel。

"冰与火"（特拉维夫迪岑哥夫广场前的雕塑）①

里雄莱锡安的独特之处在于它是犹太复国主义运动在以色列地进行民族国家建构的过程中最为成功和典型的模式，它的发展史是犹太复国主义史的一个缩影。就里雄莱锡安而言，其发展模式既不寻求将旧文化移植到新领土上，也不采用新领土的本土文化，而是创造全然不同的新文化。农业定居点作为犹太民族复兴的重要手段，被用来作为扩大犹太国边界的重要途径。正如犹太复国主义领袖约瑟夫·特朗普贝尔多所说的那样："犹太人的犁在哪里犁出最后一道犁沟，以色列的边界就在哪里。"里雄莱锡安源起于农业定居点，犹太开拓者的勇敢精神在这座城市得到了淋漓尽致的体现，并折射于现代城市文化之中，也将继续引领里雄未来的发展。

① 图片来自：https://magdeleine.co/browsel。

　　1948 年 5 月 14 日，以色列第一任总理大卫·本－古里安庄严宣告以色列国建立。这是一个具有划时代性的事件，意味着流散上千年的犹太人第一次拥有了属于自己的独立民族国家。以色列的城市史属于但不限于现代以色列史，以色列都市文化的外延更是在时间和空间上超出以色列国的范围。

　　以色列城市的特殊经历使其兼具文化的多元性和独特性。以色列城市史一定程度上也是一部巴勒斯坦地区史，城市文化折射了其发展的足迹。历史上，犹太人曾在巴勒斯坦地区定居，并在这里建立王国。随后，犹太王国被巴比伦王国征服，耶路撒冷第一圣殿被毁，犹太人开始流散。之后，波斯人、古希腊人、罗马人、阿拉伯人相继统治了巴勒斯坦地区，赋予这片区域以各自的文化特色，并以建筑、宗教等形式留下印迹，这些最终成为当代以色列城市文化的一部分。

　　因此，在以色列建国以前，一些城市就已具备一定的发展基础。以耶路撒冷为例，这座城市最突出的文化特征是其宗教性，犹太人、基督徒和穆斯林都将之奉为圣城，三种宗教文化在耶路撒冷的历史、建筑、艺术品等中有着淋漓尽致的体现，使得耶路撒冷具有宗教文化的多元性。与此同时，耶路撒冷城市文化中的民族性也十分明显，犹太文化、阿拉伯文化、亚美尼亚文化各具特色，相互交织，又各自独立，共同构成了耶路撒冷的城市文化，使得耶路撒冷这座城市颇具文化色彩缤纷斑斓的独特性。

在一定程度上，以色列城市的兴起伴随着巴勒斯坦地区犹太定居点的发展。以色列国的建立很大程度上归功于犹太复国主义运动。19世纪80年代到90年代，犹太复国主义产生于欧洲，受现代反犹主义浪潮的影响，大批欧洲犹太人移民巴勒斯坦地区，正如拉比尼克·塞英所说，"住在巴勒斯坦的不毛之地，要比住在国外的宫殿里更好"，正是这批犹太难民建立了巴勒斯坦地区第一批犹太定居点。随着定居点的发展，其中的一些逐渐成长为以色列国的城市。来自不同地区的犹太移民拥有各自的文化背景，在建造定居点的过程中，他们将这种文化精神内化为发展理念，并在日后转化为城市文化的特色。

国家发展的不同理念催生出城市文化的不同趋向。创新发展理念根植于以色列的血脉，甚至在建国以前就已经被明确提出。以色列建国以后，国家大力提倡以创新驱动城市发展的战略，不仅促进了城市经济产业的发展，更赋予现代以色列城市重视创新的文化内涵。特拉维夫和海法被誉为以色列的"硅谷"与"硅溪"，在国际上也因其创新力而具有较高知名度。创新精神使以色列城市具有生命力与活力，体现在城市的方方面面，甚至体现在人的精神面貌上。

以色列城市文化呈现出很强的现代性和世界性特征。在全球化、市场化和信息化的时代背景下，以色列重视融入世界舞台，一系列成功的战略措施使其成为中东唯一的发达国家，也使其在国际上赫赫有名，与此同时，世界性也在塑造着新的以色列文化。从以色列最大的阿拉伯城市拿撒勒，到南部内盖夫沙漠的贝尔谢巴，从海法、特拉维夫、里雄莱锡安到耶路撒冷，人们足不出城便可欣赏来自各国的音乐、舞蹈和艺术。各种国际艺术节、艺术文化中心随处可见。以色列的夜生活也享有盛名，尤其是特拉维夫，它被称为"一座不夜城"，拥有不计其数的酒吧、画廊和俱乐部等。特拉维夫又被称为"一座咖啡香气之城"，空气中弥漫着咖啡的香气，人们在咖啡馆里工作，谈论一些与创新相关的东西，或读报、写作，咖啡文化已经浸润到特拉维夫人的骨子里。以色列的城市也像著名的大城市一样拥有许多购物之所：

耶路撒冷的玛米拉购物中心、特拉维夫的钻石交易中心、里雄莱锡安的罗斯柴尔德购物中心等，商品应有尽有，能够满足多样化的需求。

无论从国土面积还是从人口数量来看，以色列都是一个小国，但这并不影响以色列城市文化的多样性。这里的城市文化更像是一个浓缩的文化精华，集多种文化于一体。现代以色列城市既属于年轻人，也属于老年人；既属于以色列人也属于世界；既有历史的沉重回忆，也不缺现代的律动狂欢；既有民族的歌谣，也有充满激情的动感旋律……在全球强调世界性交流的时代境遇下，以色列城市的历史记忆和凝固的文化符号依然是其永久的标识，而世界性元素的编织，则使得以色列拥有更多的身份和精神内涵。以色列都市文化正如本系列丛书《缤纷以色列》之名，呈现出缤纷多样、活力满满的一面！

参考文献

一、英文文献

[1] Alec Mishory, *Secularizing the Sacred: Aspects of Israeli Visual Culture* (Brill, 2019).

[2] David Biale, et al., *Hasidism: A New History* (Princeton University Press, 2018).

[3] Leila Tarazi Fawaz, C. A. Bayly, ed., *Modernity and Culture: From the Mediterranean to the Indian Ocean* (Columbia University, 1893).

[4] Michael R. T. Dumper and Bruce E. Stanley, ed., *Cities of the middle east and north Africa: a historical Encyclopedia* (ABC-CLIO, Inc., 2007).

[5] Nahum Karlinsky, *California Dreaming: Ideology, Society, and Technology in the Citrus Industry of Palestine, 1890–1939,* trans. Naftali Greenwood (State University of New York, 2005).

[6] Rachelle Alterman,ed., *National-Level Planning in Democratic Countries: an International Comparison of City and Regional Policy-Making* (Liverpool University Press, 2001).

[7] Suleiman A. Mourad, et al., *Routledge handbook on Jerusalem* (Routledge, 2019).

［ 8 ］Gxradus Y.,"Beer-Sheva: Capital of the Negev Desert-Function and internal structure," *GeoJournal,* No. 2, 1978.

［ 9 ］Uriely N., Israeli A., Reichel A., "Religious Identity and Residents: Attitudes Toward Heritage Tourism Development: The Case of Nazareth," *Journal of Hospitality & Tourism Research,* No.27, 2003.

［ 10 ］Itamar Radai, "Jaffa, 1948: The fall of a city," *The Journal of Israeli History*, No.1, 2011.

［ 11 ］Tamir Goren, "The development gap between the cities of Jaffaand Tel Aviv and its effect on the weakening of Jaffa in the Time of the Mandate," *Middle Eastern Studies*, No.6,2020.

［ 12 ］Haim Kaufman, "Jewish Sports in the Diaspora, Yishuv, and Israel: Between Nationalism and Politics," *Israel Studies*, No.2, 2005.

［ 13 ］Margalit Shilo,"The Immigration Policy of the Zionist Institutions 1882—1914," *Middle Eastern Studies*, No.3, 1994.

［ 14 ］Udi Carmi, "Shaping Sports Consciousness in the Early Years ofIsraeli Statehood," *The International Journal of the History of Sport*, No.13, 2020.

［ 15 ］Itzhak Omer, "The Development of Street Patterns in Israeli Cities," *Journal of Urban and Regional Analysis*, No.2, 2015.

二、中文文献

［ 1 ］沃尔特·拉克：《犹太复国主义史》，徐方、阎瑞松译，生活·读书·新知，三联书店上海分店，1992。

［ 2 ］哈伊姆·格瓦蒂：《以色列移民与开发百年史（1880—1980 年）》，何大明译，中国社会科学出版社，1996。

［ 3 ］张倩红、张少华：《犹太人 3000 年》，北京大学出版社，2000。

［ 4 ］陈腾华：《为了一个民族的中兴：以色列教育概览》，华东师范大学出版社，2005。

［ 5 ］徐新：《犹太文化史》，北京大学出版社，2006。

［6］奚洁人等：《世界城市精神文化论》，学林出版社，2010。

［7］张倩红：《以色列史》，人民出版社，2014。

［8］王戎编：《以色列概论》，世界图书出版广东有限公司，2014。

［9］西蒙·蒙蒂菲奥里：《耶路撒冷三千年》，张倩红译，民主与建设
出版社，2015。

［10］丹尼尔·罗宾逊、奥兰多·克劳克罗夫特、弗吉尼亚·麦克斯
维尔等：《Lonely Planet 旅行指南系列：以色列和巴勒斯坦》，赵
祎文等译，中国地图出版社，2016。

［11］米切尔·巴德：《为什么是以色列》，文奕等译，社会科学文
献出版社，2017。

［12］巴蒂亚·科恩博伊姆、阿维格多·科恩博伊姆：《徒步旅行耶
路撒冷》，张少龙、陈晓洁译，东方出版社，2017。

［13］朱兆一、李哲：《从文化到旅行——带你了解神秘又坚韧的以色列》，
中国旅游出版社，2018。

［14］王宇：《以色列阿拉伯人：身份地位与生存状况（1948—
2018）》，社会科学文献出版社，2018。

［15］丹尼尔·戈迪斯：《以色列：一个民族的重生》，王戎译，浙江
人民出版社，2018。

［16］林立：《外交官带你看世界：下一站，以色列》，北京科学技术
出版社，2020。

［17］王宇：《德鲁兹社团与以色列国家的关系》，《阿拉伯世界研究》
2014 年第 1 期。

［18］艾仁贵：《亚德·瓦谢姆纪念馆与以色列国家记忆场所的形成》，
《史林》2014 年第 3 期。

［19］艾仁贵：《"以色列 2020 规划"与以色列的国土空间政策》，《外
国问题研究》2018 年第 1 期。

［20］宋立宏，《坚守与妥协：以色列极端正统派犹太人的基要主义》，
《阿拉伯世界研究》2020 年第 5 期。

［21］高霞、宋立宏：《以色列贝都因人的原住民话语：发展与争议》，
《世界民族》2020 年第 1 期。

[22] 艾仁贵：《建造"第一座希伯来城市"——"田园城市"理念与特拉维夫的城市规划（1909—1934）》，《史林》2021 年第 2 期。

中以交往一枝春

2022 年 1 月 24 日是中国和以色列建立大使级外交关系的 30 周年纪念日。在过去的 30 年，中以关系已经发生了翻天覆地的变化，两国交往经历了前所未有的发展阶段。不仅如此，早在 2017 年，中以就正式为两国关系定位，确立了"创新全面伙伴关系"，以创新为抓手，推进两国关系稳步向前发展。沉浸在喜悦之中的我，思绪禁不住回到建交之前的 1988 年。

那年的 6 月 22 日，当美联航从芝加哥直飞以色列的航班在本 - 古里安机场降落时，我即刻意识到自己的一个梦想成真了。与此同时，自己也在不经意间创造了一项无人可以打破的中以交往史记录：成为中国与以色列正式建立大使级外交关系之前第一位应邀访问以色列并即将在希伯来大学公开发表学术演讲的中国学者。当时的激动心情至今难忘，尽管在那以后我又先后十余次造访以色列，每次访问都有不小的收获，但 1988 年的访问毕竟是我第一次踏上以色列国土，第一次来到中东地区，第一次走到了亚洲的最西端，第一次如此近距离贴近以色列社会。

为什么得以在彼时造访以色列？如何在中以没有任何正式外交关系的情况下获得访问以色列的签证？我眼中看到的以色列是一个什么样子？此行对我的学术生涯会造成什么样的影响？

坦率地讲，希望有机会访问以色列的想法与我此前两年在美国的经历有着密切的关联。

我第一次走出国门是 1986 年夏，那是我在南京大学工作的第 10 个年头。与彼时绝大多数出国人员不同的是，我去美国并不是留学，而是到美国的大学（芝加哥州立大学）执教。在机场，我受到芝加哥州立大学英文系主任弗兰德教授（Professor James Friend）的亲自迎接。在驱车进城的路上，他热情地告诉我他和他的夫人决定邀请我住到他的家中，希望我能够接受他们的这一邀请。这当然是一件喜出望外的事，尽管我在之前与他的通信中（当时由于尚未有互联网，人们之间的联系主要依靠书信。而一封信件的来回大约需要一个月到一个半月）提及希望他能够帮助我在学校附近租一个房子，因为芝加哥州立大学在决定聘用我的信中明确表示学校不提供住处，必须自行解决住房问题。

弗兰德教授是犹太人，1985 年秋，根据南大－芝州大友好学校交流协议曾来南大英文系任教。当时我是南大英文专业的副主任，除了行政方面的工作，还负责分管在英文专业任教外国专家的工作，因此与弗兰德教授有较为密切的接触，结下了深厚的友谊。实际上，我收到去芝州大教书的邀请就得益于他的推荐。他的夫人也是一位在大学教书的犹太人。他们的两个女儿当时已大学毕业离开了家，家中有空出的房间供我使用。能够住在他家中，显然为我这个初来乍到的人在美国生活开启了一个良好的开端，我没有丝毫犹豫就欣然接受。事实证明，由于是与一位熟悉的人生活在一起，我非常顺利地开始了在一个陌生国度的生活，没有经历绝大多数人都不可避免会在开始阶段感受到的文化冲击（culture shock）。我不用准备任何生活用品和油盐酱醋方面的物品，早晚餐和他们一起用，而且到学校教书，来回都搭弗兰德教授的便车（当然我当时尚不会驾车）。更为重要的是，生活在弗兰德的家中，不仅让我感受到家的温馨，认识和熟悉了他们的所有亲朋好友，而且与当地犹太社区有了广泛的接触。现在回忆起来，和他们生活在一起，简直就是以前所未有的方式"沉浸"在犹太式的生活之中，为我提供了一个了解犹太人和体验犹太式生活不可多得的绝佳机会。

在与犹太人交往的过程中，我对以色列这个世界上唯一的犹太国家开始有了新的认识：以色列不再只是依附于世界头号强国、不断引发周边冲突的暴力形象，而是一个为所有国民提供归属感的崭新国家。在那里，犹太民族成为主权民族，其传统不仅得到了很好的传承，而且不断发扬光大。我逐渐了解到古老的希伯来语早已在那里得到复活，成为以色列社会的日常用语，使用现代希伯来文进行文学创作的阿格农早在 1966 年便获得诺贝尔文学奖；基布兹作为以色列实行按需分配原则的农业形态一直生机勃勃，吸引了世界的目光。更重要的是，以色列被视为是世界上所有犹太人的共同家园。

新的认识使得我有了希望能够去看一看的想法。或许是那两年与众多犹太人有过频繁交往，或许是我在犹太社区做过一系列讲座的缘故，熟识的犹太朋友主动为实现我的这一愿望牵线搭桥——终于，在我决定回国履职之际，我收到以色列著名高等学府希伯来大学和以外交部的共同邀请，邀我对以色列进行学术访问。邀请方对我提出的唯一要求是希望我能够在希伯来大学做一场学术演讲，题目由本人决定。

根据安排，我有十天的访问时间。到达以色列时，我荣幸地受到以色列外交部的礼遇。中以建交后担任以色列驻华大使馆政治参赞的鲁思（Ruth）到机场接机，并陪同前往耶路撒冷的下榻饭店。具体负责我在以访问活动的是希伯来大学杜鲁门研究院院长希罗尼教授（Professor Ben-Ami Shillony）。次日上午，希罗尼教授如约来到饭店，与我见面。寒暄后，他递上了一份准备好的详细访问日程，并表示我有什么要求可以随时提出。

访问从驱车前往希伯来大学开始。在那里，我们除了参观了解希伯来大学，还重点参观了解了杜鲁门研究院，并参加了当日下午在杜鲁门研究院举行的研究院新翼图书馆落成揭幕式。由于新翼图书馆是美国人捐款建设起来的，美国驻以色列大使一行专程前来参加揭幕式。主宾的衣着令我印象深刻：以方的出席人员个个着西装领带，而美方人士则个个着休闲便装。而我事先了解到的以色列着装习俗应该是这样的：以色列人以随意著称，很少着西装打领带。可今天，出于对嘉宾的尊重，以方人员个个着西装打领带出席；而通常以正装出席揭幕式这类正式活动的美国人，为了表示对以色列人的尊重，特意着便装出席。彼此都为对方着想，表明两国不同寻常的亲密关系。

在接下来的参访中，几乎每一项活动都令我思绪万千，对我日后的学术研究产生重要影响。譬如，在参观了大屠杀纪念馆后，我在接受《耶路撒冷邮报》的采访时，说了这样的话：现在我终于明白犹太人为什么一定要复国。《耶路撒冷邮报》第二天报道了这一采访。对反犹主义的研究从此成为我学术研究的一个主攻方向。我不仅出版了《反犹主义解析》和《反犹主义：历史与现状》等专著，发表若干论文，而且在国内大力推动"纳粹屠犹教育"，并作为中国代表出席联合国教科文组织在巴黎召开的"纳粹屠犹教育"国际会议。

在参观了"大流散博物馆"后，我对犹太人长达 1800 年的流散生活有了更直观的了解，感叹犹太传统在保持犹太民族散而不亡一事上发挥的作用。而博物馆中陈列的"开封犹太会堂"模型和专门为我打印的开封犹太人情况介绍促使我在回国后专程去开封调研，并把犹太人在华散居作为自己的另一个研究方向，其成果是两部英文著作和数十篇相关论文。

穿行在耶路撒冷的老城，我体验到了什么是传统和神圣；行走在特拉维夫，我感受到以色列现代生活的美妙和多姿多彩；在北部加利利地区的考察，令我切切实实地感受到以色列历史的厚重；而在南部内盖夫地区的参观，让我真真切切体验到旷野的粗犷；在马萨达的凭吊，令我感受到什么是悲壮；而在海法的游览，则使我体验到什么是赏心悦目；在基布兹的访问，令我这个曾经在农村人民公社劳动和生活过的人感慨万千——犹太人在农业上的创新做法和务实态度令我不停地发出种种追问，我被基布兹的独特性深深吸引，好奇心使我提出再参观一个基布兹的要求，并得到了满足。

由于我在南京大学最初的 10 年主要是从事美国犹太文学的研究，在访问期间，我提出希望能够会见以色列文学方面人士的要求，于是我便拜访了以色列文化部，并结识了文化部下属以色列希伯来文学翻译学院负责人科亨女士（Nilli Cohen）。科亨女士是学院负责在全球推广希伯来文学翻译的协调人，我与她建立了工作关系，并一直保持通讯联系。此外，我们还有幸拜会和结识了特拉维夫大学希伯来文学资深教授戈夫林（Nurit Govrin），在向她请教若干关涉现代希伯来文学的问题后，还请她推荐了一些作家和作品。由此，本人对现代希伯来文学的兴趣大增，在随后不到 10 年的时间内，经本人介绍给国内出版界的以色列当代作家多达 50 余位。1994 年，我因译介现代希伯来文学再度受邀出访以色列。在出席以色列举办的"第一届现代希伯来文学翻译国际会议"之际，以色列作家协会为出席会议的中国学者专门举行了欢迎酒会，使我终于有了一个与绝大多数译介过的作家见面的机会。

我必须承认，在初次以色列之行中最触动我心灵的经历是与以色列一系列汉学家的见面交流。老实说，会见以色列汉学家并非出于本人要求，而是以色列接待方的精心安排，因为当时的我压根就不知道，也没有想到，以色列会有汉学家。以色列接待方根据我的身份——一个对犹太文化感兴趣的中国学者，认为安排我会见以色列的汉学家是一项有意义的活动。根据安排，我在特拉维夫大学会见了谢艾伦教授（Professor Aron Shai），他是一位史学家，专攻中国近现代史。我专门旁听了他的中国史课，并与学生进行了简单的交流。谢艾伦后来出任特拉维夫大学的教务长（相当于常务副校长）一职，不仅到南京大学访问过，还热情接待过由我陪同访问的南京大学校长代表团。我在特拉维夫大学会见的还有欧永福教授（Professor Yoav Ariel），他是研究中国古典文化的学者，将中国经典《道德经》译成希伯来文。在希伯来大学，我结识的汉学家有研究中国政治和外交的希侯教授（Professor Yitzhak Shichor），研究中国文化的伊爱莲教授（Professor Irene Eber）。此后我与伊爱莲教授多次在国际场合见面交流，友谊长存（伊爱莲教授于 2019 年与世长辞）。后来（1993 年），在拜会以色列前总理沙米尔时，沙米尔在了解到我当时正在学习希伯来语后，告诉我以色列政府在 50 年代初就安排了一位名叫苏赋特（Zev Sufott）的以色列青年学习中文。尽管在随后的 30 年他一直学非所用，但是当 1992 年中以终于建交后，苏赋特出任以色列第一位驻华特命全权大使。

这一系列的会见使我惊叹不已。以色列这么一个小国（当时的人口尚不足 500 万），竟然有多位专门研究中国历史、文学、社会、政治、外交等方面的专家教授，其中有的还享有国际声誉。而就我所知，当时偌大的中国（人口是以色列的近 240 倍），却鲜有专事研究犹太文化者，中国高校亦无人从事犹太文学的教学！这一反差对我的冲击实在是太大了。作为一个在美国有两年时间"沉浸"在犹太文化中的人，出于一种使命感，我在以色列就发誓回去后一定投入对包括以色列在内的犹太文化研究。

回国后，我义无反顾投身于犹太学研究，确立了自己新的研究方向、开启一个全新治学领域，同时在南京大学创办了犹太和以色列研究所，组织编撰了中文版《犹太百科全书》，率先向国内学界介绍引入现代希伯来文学，建起了一座英文书籍超过三万册的犹太文化图书特藏馆，召开了包括"纳粹屠犹和南京大屠杀国际研讨会"与"犹太人在华散居国际研讨会"在内的大型国际会议，培养了 30 多名以犹太学为研究方向的硕士生和博士生……进而勾勒出了中国犹太 / 以色列研究的概貌。

回望过往，发生的一切显然过于神奇，只能用"奇迹"来描述。

而这一切源于 1988 年以色列的处女之旅。从此，以色列对于我而言，是一个令奇迹发生的国度。

徐新

2022 年岁首

南京大学黛安／杰尔福特·格来泽犹太和以色列研究所简介

　　1992 年，借中国和以色列国正式建立大使级外交关系之东风，南京大学批准成立一专事犹太文化研究兼顾教学的学术研究机构——南京大学犹太文化研究所。不过，在这之前，南京大学就已经开始对犹太文化进行研究，主要由南京大学学者牵头的学术团体"中国犹太文化研究会"（China Judaic Studies Association）于 1989 年 4 月宣告成立，并卓有成效地开展工作。随着犹太文化研究的深入，搭建一个平台（即建立研究所）显得十分重要，而这样的研究机构的出现在中国高等教育系统尚属首次。研究所正式成立的时间为 1992 年 5 月，最初名为"南京大学犹太文化研究中心"，2001 年更名为"南京大学犹太文化研究所"。2006 年，为感谢有关基金会和个人的支持，特别是设在美国洛杉矶的黛安／杰尔福特·格来泽基金会的慷慨支持，研究所于是改名为"黛安／杰尔福特·格来泽犹太和以色列研究所"，该名称沿用至今。

　　研究所建立之初确立的宗旨是：更好地增进中犹双方的友谊，满足中国学术界日益增长的对犹太民族和文化了解的需求，推动犹太文化的研究和教学在国内特别是在高校系统的进一步开展，培养这一学术领域的专门人才，以此服务于中国当时方兴未艾的改革开放事业，推动中国与世界的进一步融合。"不了解犹太，就不了解世界"是研究所当时提出的口号，该口号简洁明了地表明这一研究机构成立的动因。

研究所在其 30 年的历史中成绩斐然，包括：

● 组织撰写并出版首部中文版《犹太百科全书》（上海人民出版社，1993 年），该书成为中国最具权威和广泛使用的一本关涉犹太文化的大型工具书（200 余万字，1995 年获"全国最佳工具书奖"）；撰写并出版包括《犹太文化史》（北京大学出版社，2006 年）、《反犹主义：历史与现状》（人民出版社，2015 年）在内的著作 10 余部；组织翻译并出版犹太文化方面的著作 20 余种；编辑出版"南京大学犹太文化研究所文丛"一套；同时发表各类论文超过 100 篇。

● 在南京大学逐步开设一系列犹太文化方面的课程，不仅有专门为本科生开设的课程，更多的是为研究生开设的课程。

● 招收和指导犹太历史、文化和犹太教研究方向的硕士研究生和博士研究生。已有 30 多名研究生在研究所学习，从本研究所获得博士学位的研究生超过 15 人，大多数学生毕业后在中国各大学执教，讲授犹太历史文化方面的课程。

● 组织举办大型国际学术研讨会，促进中外学者之间的交流和研讨，包括 1996 年在南京大学召开的"第一届犹太文化国际研讨会"、2002 年召开的"犹太人在华散居国际会议"、2004 年召开的"犹太教与社会国际研讨会"、2005 年召开的"纳粹屠犹和南京大屠杀国际研讨会"，以及 2011 年召开的"一神思想及后现代思潮研究国际研讨会"。

● 举办犹太历史文化暑期培训班 3 期，聘请国际犹太学学者授课，受训的中国各高校和研究机构的教师、研究人员和研究生达 100 人，有力促进了犹太文化教学和研究在国内高校的开展。

● 开展国际合作，先后举办各种类型的犹太文化展近 10 次，内容涉及犹太历史、犹太文化、以色列社会、美国犹太社团、犹太学研究、纳粹屠犹、犹太名人等，促进了中国社会对犹太历史文化的了解，增进了中犹人民间的友谊。

● 邀请超过 50 位国际著名犹太学者来华、来校进行交流、讲学，演讲场次超 100 场。

● 大力开展对犹太人在华散居史的专门研究，特别是对中国开封犹太人的研究。已发表专著 2 部（英文、美国出版）、论文数十篇，在国际学术界能够代表中国学者在这一研究领域的水平。

● 建立起中国迄今为止规模最大的犹太文化专门图书馆，仅英文藏书就已超过 3 万册，涉及犹太文化研究的方方面面。

● 与若干国际学术机构建立联系或互访，包括美国哈佛大学犹太研究中心、耶希瓦大学、希伯来联合学院、宾夕法尼亚大学、加州大学、布朗大学、以色列希伯来大学、特拉维夫大学、巴尔伊兰大学、本－古里安大学、英国伦敦犹太文化教育中心等。

● 积极筹措资金，为犹太文化研究和教学的开展提供经费支持。除了众多个人捐助，还有许多给予研究所各种研究和教学资助的国际基金会，包括：黛安 / 杰尔福特・格来泽基金会、斯格堡基金会、罗斯柴尔德家庭基金会、布劳夫曼基金会、列陶基金会、犹太文化纪念基金会、博曼基金会、卡明斯基金会、散居领袖基金会等。10 余年运作下来，本研究所的规模不断扩大，收益稳定，每年的收益已经能够确保每年发放奖学金数十份、奖励犹太文化研究领域的师生多名，并为各类学术活动提供经费支持。

需要特别指出的是，积极参加国际学术活动和开展国际学术交流会是南京大学犹太文化研究所学术活动的重要特点。在将国际犹太学者"请进来"的同时，研究所的教师也已大步地"走出去"。研究所的研究人员多次外出访问，特别是美国、以色列、德国、英国、加拿大等国，或在国际会议中宣读论文、交流学术，或担任客座教授讲学授课。据不完全统计，本所研究人员在若干国家发表过的学术演讲已达 700 余场次。此外，研究所每年都会选派研究生前往以色列有关大学进修或从事专题研究。通过这类学术活动，研究所与世界范围内的犹太学术界、犹太人机构及犹太社区建立了广泛而密切的联系，在扩大影响的同时，又推动了研究所各项工作的开展。

南京大学犹太文化研究所因其在犹太和以色列研究领域中取得的成就，已成为中国高校中最早对犹太文化进行系统研究并取得丰硕成果，同时又具有较高国际知名度的一所文科研究机构。